シリーズ『岡山学』2

吉井川を科学する

岡山理科大学『岡山学』研究会

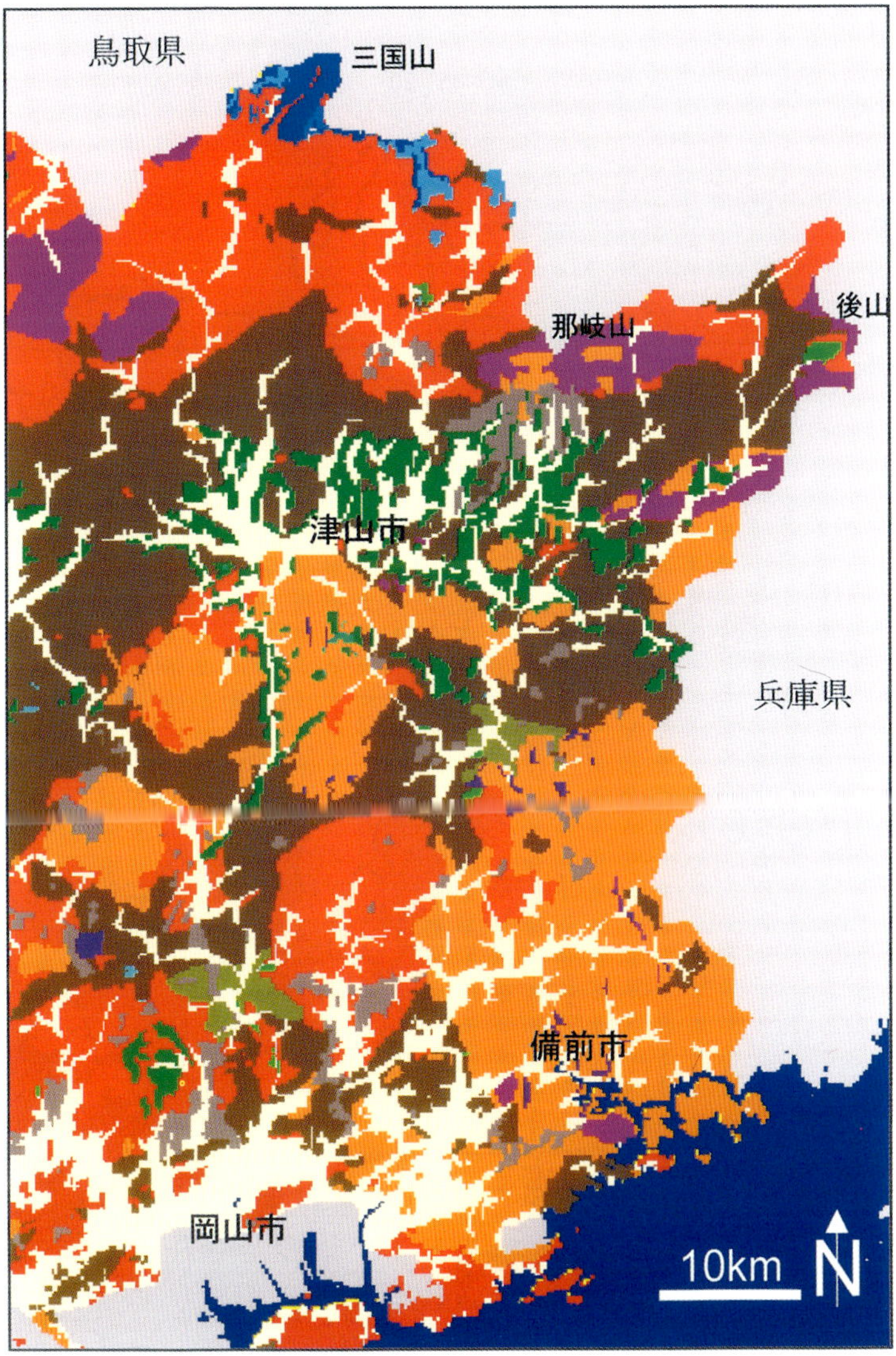

図１　吉井川の地質分布（光野・杉田，1980を再編集した）

■干拓地　■■新生代の火山岩類　■勝田層群など新第三紀中新世の地層　■白亜紀後期から古第三紀に形成された花崗岩類　■■白亜紀後期の火山岩類　■古生代から中生代の太平洋底から付加した地層

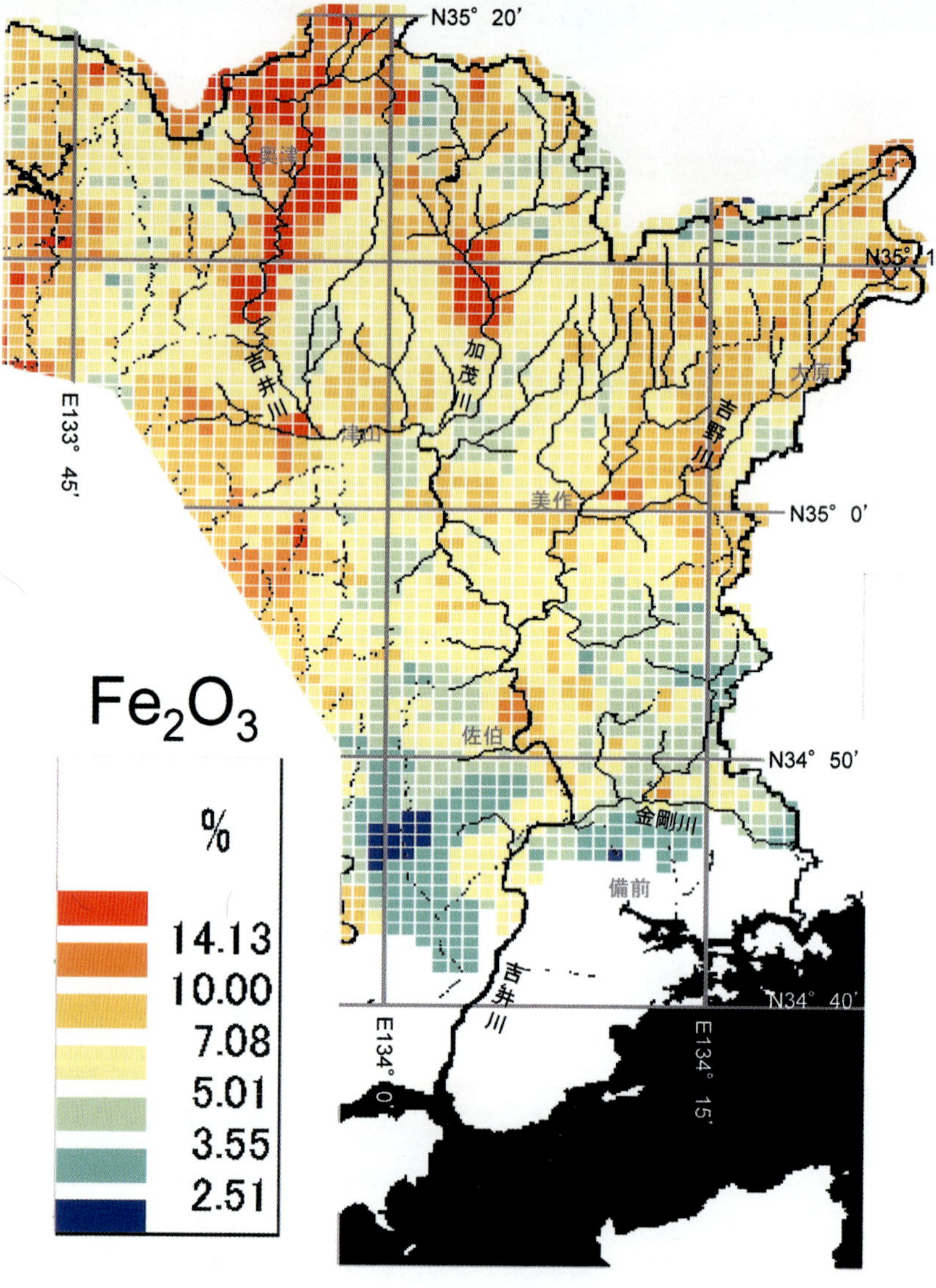

図２　吉井川流域の河川堆積物に含まれる鉄の地球化学図
（鉄の濃度は酸化第二鉄：Fe_2O_3の形で表示）

はじめに

岡山理科大学『岡山学』研究会は、岡山理科大学の総合情報学部の教員が中心となって、「岡山」という地域を、自然科学、人文科学、そして情報科学などのいろいろな方向から検討し、明らかにしていこうという目的で作られた研究会です。

一九九九年に発足して以来、これまで、「岡山市朝寝鼻貝塚」や「備前焼」、「吉井川」などに関してシンポジウムを開くなどして検討してきました。そして二〇〇二年一二月に、「備前焼」を対象としたシンポジウムの内容をまとめて、『備前焼を科学する』という本にまとめました。おかげさまで好評を得ることができました。

そこで、そのあとの「吉井川」をテーマにして開催したシンポジウムの内容もまとめたらどうかという話がでて、第二冊目をまとめることにいたしました。

今回は、地学・生物学・考古学・歴史学・民俗学の分野の方々に、自分の得意とする方向から「吉井川、およびその流域の自然と文化」を検討してもらいました。

まず、能美洋介さんには、情報地質学の専門家ですが、「吉井川流域の地形と地質」というテーマで、鳥取県との県境に位置する三国山系から流れ出した吉井川が香々美川・加茂川・吉野川・金剛川などと合流しながら瀬戸内海にたどり着くまでの周辺の地形や地質の多様性を明らかにしてもらいました。

次に地球化学が専門の関達也さん、情報地質学が専門の能美洋介さんと地球科学が専門の山口一裕さんに「吉井川流域の地球化学図」というテーマで、吉井川周辺にはどのような鉱山や鉱物があったのかを、川底の砂や泥の化学組成から語ってもらいました。

三番目に、植物生態学が専門の波田善夫さんには「タタラでできた湿原」というテーマで、奥津町などの森林公園の湿原がずっと昔からの時間の中で自然にできたのではなく、今から二、三〇〇年ほど前の江戸時代ごろの鉄作りのタタラによってできあがったという新鮮な驚きを述べてもらいました。

四番目に、考古学が専門の小林博昭さんに「吉井川下流域の先史時代遺跡」というテーマで、数万年前から二〇〇〇年ほど前までの人々の生活の場―遺跡―のありかたや、生活に必要としたモノ―道具―遺物などの種類とその特性を述べてもらいました。

五番目に、歴史学が専門の在間宣久さんには、「吉井川の高瀬舟」というテーマで、かつての岡山県下の南北交通の主役であった高瀬舟の実態について述べてもらいました。

六番目に、考古学が専門の乗岡実さんには、「吉井川を上った瓦、下った瓦」というテーマで、江戸時代の瓦が津山・柵原・和気・西大寺などでどのように生産され、運ばれたのかを吉井川の水運との関わりで述べていただきました。

七番目に、民俗学が専門の高野洋志さんには、「吉井川流域の金属生産にかかわる地名と信仰」というテーマで、鉄作りの神様の一人である「金屋子神」について述べてもらいました。

そして最後に、東アジア古代史が専門の志野敏夫さんと情報地質学が専門の能美洋介さんに、「吉井川流域神社の分布について」というテーマで、流域に分布するいろいろな神社のデータベース（一覧表）を作成することによって、この地域の人々と自然の関わり、信仰のあり方などをどのように考えるかを述べてもらいました。

「吉井川を科学する」という目的がどれだけ達成できたかよくわかりませんが、ご一読いただき、みなさま方の心の片隅に、何か残るものがありましたら、幸いです。

二〇〇四年一一月一日

岡山理科大学『岡山学』研究会代表　　亀田修一

目次

カバーデザイン・久山卓夫

吉井川を科学する

一　吉井川流域の地形と地質

吉井川流域には多種多様な地質が分布し、同時に様々な地形が存在している。川の流れは、地域の岩石を風化浸食しながら、長い年月の間に流域の地形を少しずつ変化させてきた。地域の地形や地質に応じて人々の営みも多様なものとなり、川の流れとともに数多くの変遷を遂げてきた。地形や地質は住居の立地、有用な鉱床や石材などとして直接人々の生活にかかわるだけでなく、作物の栽培や植生などにも影響して間接的にもかかわってくる。地形や地質は地域の歴史や文化を紐解く時、いつもその背景となる。

吉井川の概略

岡山県には三つの大きな河川（吉井川、旭川、高梁川）が流れており、いずれの河川も、県北の中国山地脊梁部から南の瀬戸内海に流下している。図1に吉井川および主な支流の位置を示す。吉井川は岡山県東部に位置し、岡山県と鳥取県の県境をなす標高一二〇〇メートルを越す三国山系に源を発している。吉井川の本流は、ここから上斎原村の恩原高原、奥津町、津山盆地へと下り、柵原町や吉井町などの吉備高原地域を通って、岡山平野東部にある岡山市西大寺付近より児島湾湾口部の瀬戸内海に出る。河口から源流部までの幹川総延長は約一三〇キロメートルである。

吉井川の支流は、本流より東の山地を源として、順次本川に合流する。主な支流としては、三国山の東側の黒岩高原を源として津山平野で本流に合流する加茂川、那岐山・後山山系を源に流下し吉井町周匝《すさい》で合流する吉野川、東備地域の高原部を流れ和気町で合流する金剛川などがある。これら支流の流域をあわせると、吉井川の流域総面積は二〇六〇平方キロメートルにのぼる。

吉井川流域の地形

図2は吉井川本流の河床縦断面である。この断面図を見ると、吉井川は源流部より津山盆地までの約四〇キロメートルの間に急激に高度を減じているのに対し、津山盆地から河口までの約八〇キロメートルの区間は非常になだらかで平坦な断面形状を示している。津山盆地の北縁（中国山地南縁）には、東西に延びる美作衝上断層があって、この断層の北側が隆起して中国脊梁《せきりょう》山地を形成したと考えられていて、河川縦断面の勾配変化は、この様子を反映している。

吉井川の源流部、三国山から後山にかけての中国山地脊梁部の山頂には傾斜がゆるやかな平坦面がところどころに残されているほか、恩原高原、黒岩高原などの標高九〇〇メートル以上の地に平坦な地形が存在している。これらは、流動性が高い安山岩質の溶岩流により形成された溶岩台地のなごりであると考え

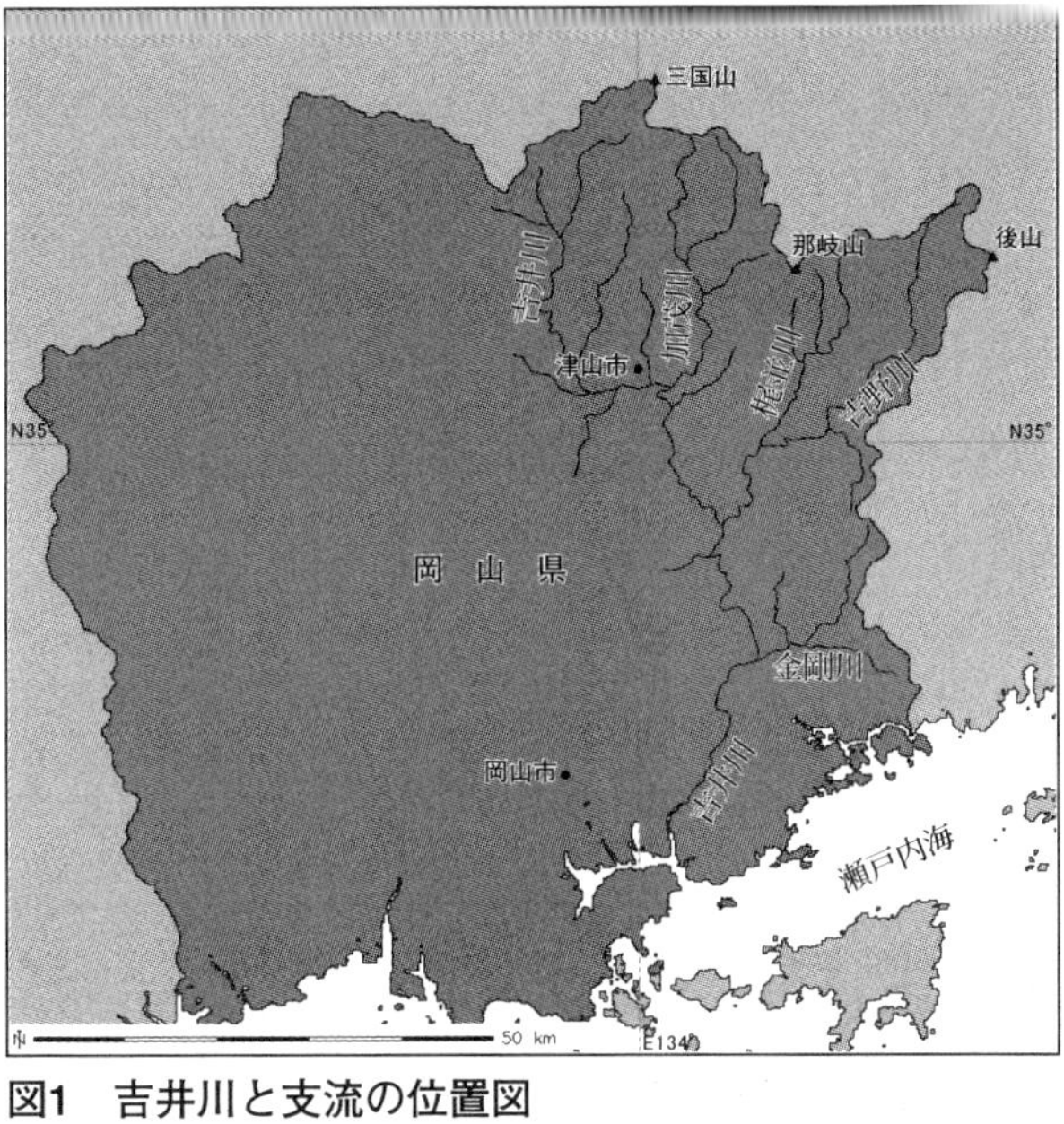

図1　吉井川と支流の位置図

られている（光野ほか、一九八二）。溶岩には冷却に伴う割れ目が発達していることがあり、この割れ目によって溶岩台地の周囲は崖を形成していることが多い。裏見の滝として有名な吉井川本川最上流の岩井の滝は、このような安山岩溶岩の崖から水を滴らせている。この滝から少し下ったところにある日本百名水のひとつ「岩井の名水」は、溶岩台地前縁の安山岩の巨礫からなる崖錐中をつたい、こんこんと湧き出ている（図3）。

吉井川は、中国山地を高度を急激に下げながら流れるので、部分的に深く山を削り美しい渓谷を形成している。紅葉の名所、奥津渓谷は、比較的風化浸食が起こりやすい花崗岩からできている。花崗岩には、ふつう豆腐を切り出すときのような三方向の割れ目ができている。この割れ目に河川水が侵入すると花崗岩の風化が促進されて、もともと一枚の岩盤だったものが、ブロックを積み重ねたようになって

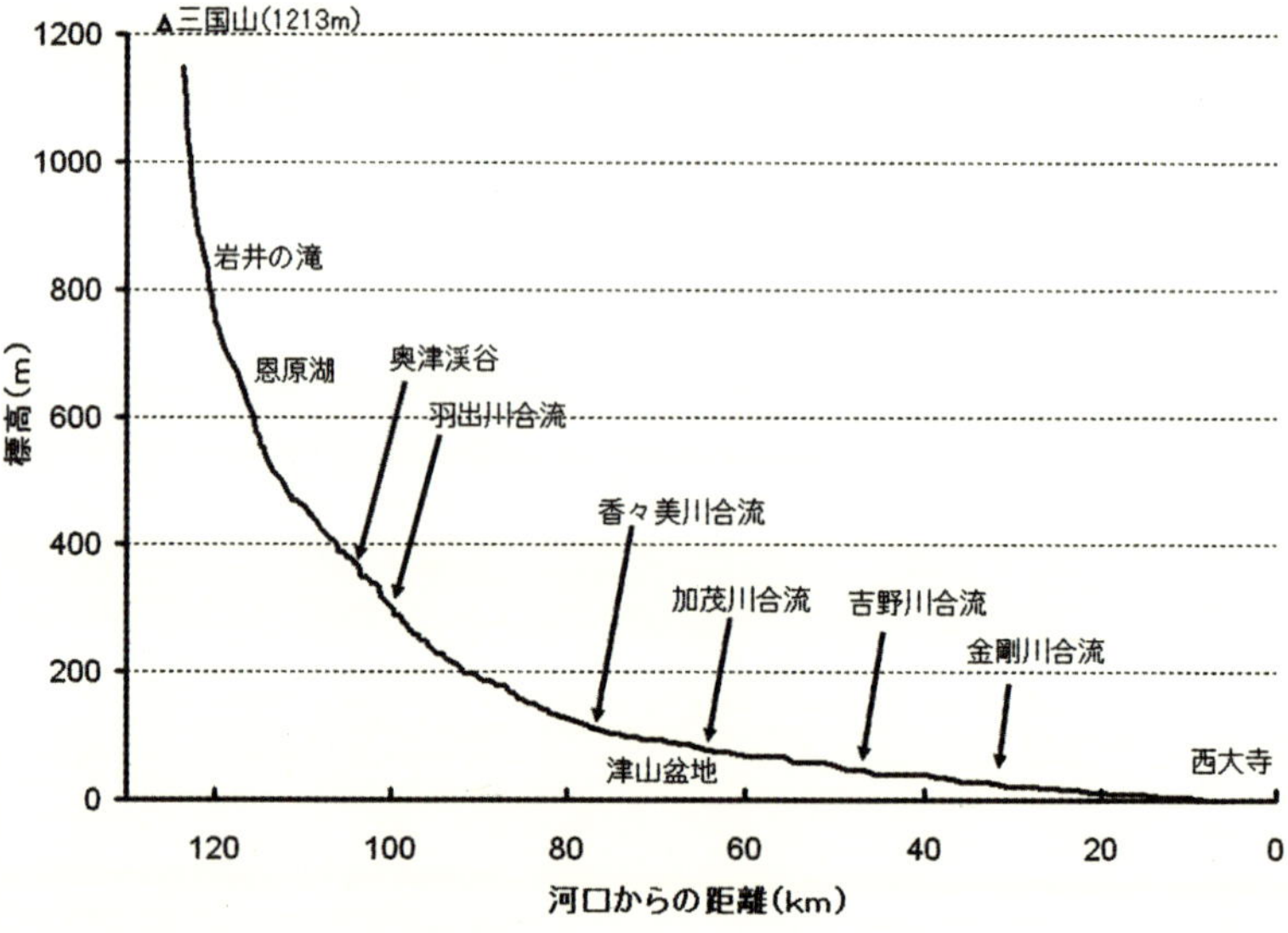

図2　吉井川本流の河床縦断面図

いく。大雨などで河川の流量が急激に増すと、このブロックが外れて、階段状の河床を形成する。このとき、河川の水位が急に下がって小滝などが形成される。そして、小さな滝つぼや窪みが作られる。河床の小さな窪みに小石などが入り、この小石が水流で転がるうちに窪みを大きく成長させると甌穴《おうけつ》になる。奥津渓谷では、甌穴が現在の河床より五メートル以上も高いところに残されている。つまり、この甌穴はかつての河床がそこにあったという証拠であり、流れ下る水流が地形を変化させていったことを示す地形の化石である（図4）。V字型の深い渓谷と甌穴の組み合わせは、吉井川が岩盤を削り込む様を実感させる。

　津山盆地に入ると吉井川は川幅を広げ、流れも緩やかになる。津山盆地は、北側の中国山地と南側の吉備高原に挟まれる東西に伸びた形をしているが、中国山地から洗い出された土砂が扇状地をなして南に広がっており、吉井川はこれに押されたように盆地の南縁を流れている。吉井川支流の加茂川より東には、標高一二四〇メートルの那岐山山麓の扇状地や丘陵地が広がっており、日本原と呼ばれる広大な景色を作り出している。

　吉井川は、津山市東部より津山盆地を抜けて吉備高原地域を流下する。吉備高原は四〇〇メートルから五〇〇メートルの高原地形で、古い平原のなごり（準平原）と解釈されている。吉井川はこの高原地形を深

図3　日本百名水「岩井」
安山岩の巨礫の間から湧き出ている。

く削った谷を形成している（図5）。このため、川沿いの国道から逸れて急坂を登って山の上に出ると、急に視界が開け、緩やかな地形が広がっている様子を目にすることができる。

吉備高原を流下する吉井川は、流れの方向がしばしば急変しており、そのような場所では本川に斜交する直線状の谷が存在する。このような直線状の地形をリニアメントという。リニアメントのある所には、古い時代の断層がある場合が多い。吉備高原地域は古い時代に形成された硬い岩盤から成り立っているが、

図4　奥津渓谷の甌穴
現在の河床からおよそ5m高い位置にある。
岩盤は花崗岩。

図5　吉備高原を流れる吉井川
佐伯町延原から撮影。吉備高原を約300m削り込んで流れている。

断層付近では岩石が破壊されている。このため、降雨によって断層による破壊面から雨水が地下深部まで浸透し、風化を促進する。風化が進むと硬い岩盤は脆い土砂となり、雨や流水に流されて浸食が進む。このようにして、古い時代の断層は直線的な谷となり、現在リニアメントとして観察される。リニアメントがある場所に吉井川がさしかかると、川は浸食しやすい岩盤の方を先に削っていくので、川は流れの方向を変え、大きく蛇行する。佐伯町の塩田や佐伯付近の吉井川の蛇行は、リニアメントに規制された蛇行を典型的に示している（図6）。

備前長船付近より下流になると、吉井川周辺の吉備高原は高度を徐々に減じて丘陵状になり、西大寺付近より岡山平野に出る。岡山平野部の多くは江戸時代以降の干拓地が広がっており、海抜〇メートル以下の平坦面が広がっていて、自然に形成された沖積平野は少ない。この付近では、吉井川上流より運ばれた土砂が瀬戸内海に向けて厚く堆積し、かつては遠浅の海が広がっていたものと思われる。

図6　リニアメント付近の吉井川の屈曲
1/25000「周匝」の範囲、国土地理院「50mメッシュ標高」を使用して描いた。

吉井川流域の地質

吉井川の流域には西南日本内帯（注）を構成する古い時代の岩石から、現在の吉井川が堆積させた沖積層にいたるまで、地質時代を通じた様々な時代のいろいろな地質が複雑に分布している。吉井川流域の地質分布の概略を口絵に示す。以下に、吉井川およびその支流の流域でみられる地層についての概略を述べる。

古生代から中生代の太平洋底から付加した地層

吉備高原地域や津山盆地の周辺には、古生代末（約三億年前ごろ）から中生代中頃（約二億年から一億四千万年前）にかけての地層が分布している。この地層は、海洋で形成された泥や砂が固まった堆積岩を主とするものである。これらの堆積岩は古生代の末から中生代の中ごろのジュラ紀にかけて堆積し、太平洋のプレートに載ってユーラシア大陸付近まで運ばれ、ジュラ紀に大陸の地殻に順次貼り付けられていった。この地質形成過程を付加という。海洋の岩石が付加するとき、その一部は極めて高圧の状態におかれる。長い時間高圧にさらされると岩石はその性質を変化させ、もとの岩石とは異なった性質の岩石になる。吉備高原地域では、このようにしてできた千枚岩や結晶片岩という薄くはがれやすい性質を持った岩石も見られる。深海で形成されるチャートや、海底火山やプレートを構成する玄武岩などかつての大洋底を構成していた岩石や、熱帯の島嶼《とうしょ》の周りに分布するサンゴ礁の名残である石灰岩などが、付加した地層の中に混入していることもある。佐伯町や柵原町、大原町付近では、数キロメートル以上連続する玄武岩質火成岩の比較的大きな岩体が付加している。このうち柵原町の岩体は、海底での火山活動に関連した岩体で、熱水による影響で金属成分が濃集し、その後貫入してきた深成岩による熱の影響を受けさらに良質の硫化鉄鉱鉱床を形成させた。

これらの一群の地層は、兵庫県北部から吉井川流域の吉備高原地域を経て広島県西部まで追跡することができる。このほぼ東西に伸びた細長い地質帯は舞鶴帯とよばれており、日本の地質構造発達史を解明するときに重要な地層である。

白亜紀後期の火山岩類

東備地方や津山盆地の南方など吉備高原地域のいたるところには、中生代白亜紀の終わりごろ（およそ一億年から八千万年前）に噴出した火山物質が凝灰岩となって広く分布している。これらは、石英や長石など珪酸に富んだ化学成分を主とする流紋岩質マグマの大規模な活動によるものである。大規模なカルデラを形成するような激しい噴火活動で、火山灰、火山礫、溶岩片などを吹き上げて周囲に堆積させ、そのときに噴煙自体が持っていた熱により、噴出物が溶融して溶結凝灰岩という極めて硬質な岩石になっていることが多い。また、凝灰岩の地層の間に流紋岩の溶岩が狭在していることもある。この火山活動は断続的に起こり、活動中止期の湖では泥岩や砂岩などの堆積岩が形成された。この堆積岩付近に良質のロウ石鉱床ができていることがあり、吉井川支流金剛川が流れる備前市三石では、セラミクスなどの原料としてロウ石鉱床が大規模に開発されている。さらにこの火山岩類は風化・浸食されることで珪酸塩を河川沿いに濃集させ、備前焼の土となる陶土を形成した。

津山盆地の北にそびえる那岐山や吉備高原北部には、備前の火山岩類と同時代ではあるが若干早い時期に活動した、安山岩から流紋岩質の火山岩や凝灰岩が存在している。

二種類の花崗岩

瀬戸内海沿岸から吉井町仁堀付近にかけての地域と津山盆地以北の中国山地には、白亜紀後期から古第三紀にかけて形成された花崗岩が分布している。花崗岩は、珪酸分に富んだマグマが地下深部でゆっくりと冷却してできる岩石で、石英、長石、雲母などの鉱物が肉眼ではっきり識別できる大きさになったものである。瀬戸内沿岸から吉備高原地域の花崗岩は「山陽花崗岩」と呼ばれ、ピンク色の長石が含まれ華やかな色調をしている。これらは、石材として多用されており、岡山市で採取される万成石が有名である。これに対し中国山地に分布している花崗岩は「山陰花崗岩類」と呼ばれている（図7）。山陰花崗岩も薄桃色の長石や石英を含んでいるので、山陽の花崗岩とは見た目はよく似ている。しかし、山陰花崗岩には磁鉄鉱が多く含まれているので、花崗岩に磁石を近づけるとくっつき、山陽花崗岩には、磁鉄鉱が少ないので磁石がくっつかないという特徴がある。そのかわりに山陽花崗岩は、チタンを含む鉱物であるイルメナイトが多く含まれている。山陰花崗岩からは、磁鉄鉱がかんな流しによって採取され、古くより和鋼の原料とされてきた。現在かんな流しは行われていないが、中国山地の山あいでは、かつて大規模に磁鉄鉱の採取が行なわれていたために、地形が平らになってしまったところが多く見られる。

図7　山陰花崗岩の近接写真
黒い鉱物は角閃石と黒雲母、白っぽい部分は、石英と斜長石、正長石からなる。

これらの花崗岩のマグマは、プレートの深いところで形成され、地表面に向かって母岩の中を上昇していく。このとき、マグマは周りに熱を放出するので、熱を受けた母岩は熱変成を受ける。このため、花崗岩の周りにある花崗岩より古い年代の地層は、ホルンフェルス（角石）という焼き物のように硬い岩石に変成している。

津山盆地の第三系

津山盆地や吉備高原の山上には新第三紀中新世（約千五百万年前）の砂岩や泥岩からなる堆積岩が分布している。津山盆地に分布している一連の地層は、勝田層群と呼ばれている（河合、一九五七）。図8は鏡野町にある岡山県の天然記念物の大野の整合と呼ばれている露頭の写真である。勝田層群の砂岩と泥岩が繰り返し何層にも積み重なっている様子がよくわかる。泥岩部分は風化されやすいので崖に向かってくぼみ、砂岩が飛び出している。隣接している泥岩と砂岩はワンセットの堆積物で、砂と泥が入り混じった懸濁物が沈降を続けるこの地に流れ込んだとき、砂が先に沈積しその上から泥が積もり、砂岩と泥岩のセットができあがった。このようなことが繰り返し起こり、大野の整合ができあがった。当時の津山盆地は、沈降しながら湖から海へと変化していった。この変化は、勝田層群に産する化石の変化により確かめられている。津山市の吉井川河床の勝田層群からは、クジラの化石が発見された。また、奈義町など多くの場所から巻貝の一種であるビカリヤの化石も見つかっていることから、この時期には温かい海であったということがわかっている。

松本（一九九二）は、勝田層群を構成している堆積物が流れてきた方向（古流向）を調べ、かつて津山盆地が日本海に向けて開いていた時代があったと推定した。つまり、中国山地が現在のように高く隆起をしたのは勝田層群が形成された後ということになる。中国山地の形成に関しては、現在も議論が尽きていないが、このような地道な地質調査が、山地形成論などの大きな問題を解くための鍵となる。

勝田層群は、形成年代が比較的新しく、完全に固結していない（半固結状態という）。半固結状態の泥岩は、切り出した直後は塊状をとどめるが、水を含むと容易に軟化してもとの泥に戻る。このため、津山盆地の丘陵地の勝田層群分布地域のうち、特に泥岩が多いところで地すべりが多発しており、岡山県内でも有数の地すべり地域となっている。

図8　大野の整合
中新世に堆積した砂岩と泥岩の互層。

新生代の火山岩類

鏡野町の男山・女山は、勝田層群を突き破って噴出した玄武岩からなる小丘である。現在は火山の火道部分だけが侵食に耐えて残っている。ここでは、マグマが急冷するときに体積の収縮が起こってできる規則的な柱のような割れ目が発達しているのが観察される。このような割れ目を柱状節理といい（図9）、割れ目の方向は冷却面（母岩との接触面）に垂直になるので、割れ目の方向を調べることで貫入してきたマグマの形を推定することができる。また、この岩石を近づいてよく見ると、緑色をした透明がかった塊が入っている。これはカンランラン石ノジュールと呼ばれるもので、地下深部のマントル付近から持ち込まれたものといわれている（光野ら編、一九八〇）。このような玄武岩が噴出した地形は、吉備高原のいたるところに見られる。吉井川流域ではないが、岡山県西部の川上町の弥高山や県北西部哲西町の荒戸山なども同じ機構でできた山である。玄武岩の噴出年代は五〇〇〇万年前から六〇〇万年前（後期中新世から鮮新世初期）とされている。これと同じ時期に中国山地の脊梁部には安山岩および玄武岩の噴

図9　鏡野町女山の玄武岩の柱状節理
女山は、火山の火道に残ったマグマが風化から耐え残った小丘である。

出およびこの火山活動に関連した堆積岩が形成された。これらの地層は三朝層群と呼ばれている。黒岩高原では噴出した安山岩溶岩が溶岩台地を形成しており、山頂付近にその平坦面をとどめている。また、人形峠に見られる礫層にはウランを多く含む鉱物が濃集していて、国内でも有数のウラン鉱床を形成している。

ここまで、吉井川流域に見られる地形や地層について時代順に大まかに述べてきた。この地域の地形・地質は構成単位が小さく、それらが入り乱れて分布しているために統一的な説明は難しい。しかし、この複雑さがこの地域の特徴でもある。人々は、吉備高原のなだらかな稜線に集落や田畑を開いた。吉井川が河口に形成した遠浅の海を干拓して農地に変えた。中国山地の険しい地形の中に肉眼では見えにくい磁鉄鉱を見つけて切り開いてきた。また、複雑な地質環境が生み出すロウ石鉱床や鉄鉱床、ウラン鉱床なども見つけ開発してきた。吉井川流域には、それぞれの地域の地形や地質を生かし育んできた多様な文化があることを、この稿を書いたり、『岡山学』のシンポジウムでいろいろな話題を耳にするにあたって再認識させられた。

［注］西南日本内帯…日本列島の基盤となっている、主に白亜紀以前の古い地層の大区分単元。西南日本の地質は、九州から四国、紀伊半島を経て信州にいたる中央構造線により分けられ、太平洋側を外帯、日本海側（大陸側）を内帯という。内帯の中は、構成される地質の特徴や形成年代によって、さらに領家帯、

美濃・丹波帯、舞鶴帯、中国帯、飛騨帯に分けられている。

［参考文献］
猪木幸男・村上允英・大久保雅弘　編『日本の地質7　中国地方』共立出版（一九八七年）
藤原健蔵　編『地形学のフロンティア』大命堂（一九九六年）
小畑浩『中国地方の地形』古今書院（一九九一年）
光野千春・沼野忠之・高橋達郎『原色図鑑　岡山の地学』山陽新聞社（一九八二年）
光野千春・沼野忠之　監修、野瀬重人　編『岡山県　地学のガイド　岡山県の地質とそのおいたち』コロナ社（一九八〇年）
光野千春・杉田宗満　編『10万分の1　岡山県地質図』内外地図（一九八〇年）
太田陽子・成瀬敏郎・田中眞吾・岡田篤正　編『日本の地形6　近畿・中国・四国』東京大学出版会（二〇〇四年）
松本俊雄『砕屑岩類の起源から見た鳥取―津山地域の前期中新世末～中期中新世古地理』地質学雑誌、pp817―833、97、10、日本地質学会（一九九一年）
河合正虎『5万分の1地質図幅　津山東部』および同説明書、地質調査所（一九五七年）

二　吉井川流域の地球化学図

地球化学図とは

地球化学図という言葉は、一般にはなじみの薄いものであろう。簡単に言えば、地表（地球表層部）に存在しているある特定の元素（例えば鉄Fe）の濃度を地域ごとに測定して、それを地図上に示したもの、ということになる。地表は土とか石で構成されているが、土とか石には原理的にはあらゆる元素が含まれているので、あらゆる元素の地球化学図が作れることになる。ただ実際には、測定技術の問題もあり、すべての元素が測定できるわけではない。われわれの研究室では約三五種類ほどの元素を測定している。濃度の変化は地質の違いに一番大きく左右されている。しかし、それ以外の要因によって変化していることもあるので、それが何によっているのかを探る必要がある。特に最近は、人間の諸活動による影響、別のことばでいえば「人工的な汚染」が大きくなっているので、その評価をする上でも自然な状態の把握が重要なことになっている。

地球化学図作成の方法

地球化学図は地図の一種であるから、できるだけたくさんの測定点が必要であるが、地形図の中の標高のように連続的に捉えることは、測定の上での制約があり不可能である。そこで、できるだけ少ない地点から、しかもできるだけ広範囲の平均的な値を求めることのできる試料として、河川の堆積物が用いられている。川の砂や泥である。これらは、より上流の山から浸食されて流れてきたものなので、上流の地質の平均的な集まりと見なせる。私たちは、この十年ほどの間に岡山県下の川という川から試料を集めてきた。大きな川では二～三キロメートルおきに採集する。試料はフルイを使って〇・二五ミリメートル以下の粒子を数十グラム集めたものである。これまでに一六〇〇ほどの地点から採取している。図1と図2は、試料の採取風景である。

試料は、蛍光X線分析と放射化分析で測定するが、蛍光X線分析は岡山理科大学で、放射化分析は京都大学原子炉実験所の装置を利用して行っている。測定元素は次の通りである。

蛍光X線分析・・・Si、Ti、Al、Fe、Mn、Mg、Ca、Na、K、P、Nb、Zr、Y、Sr、Rb、Pb、Zn、Cu、Ni、Co、Cr、Th、Ba

放射化分析・・・Cs、Hf、Rb、Sc、Ta、Th、U、La、

図1　河川堆積物採取風景
上斎原村寺ヶ原付近（地点5）。2000年8月。

図2　河川堆積物採取風景
奥津町成付近（地点14）。1999年5月。現在では苫田ダムの湖底に沈んでいる。

Ce、Sm、Eu、Tb、Yb、Lu

一〇パーセント以上ある元素から一ppm以下の元素まで濃度は様々である。一ppm（ピーピーエム）とは、百万分の一のことである。

測定で得られた各元素濃度を計算機で処理して、地図上に一キロメートルメッシュ（一平方キロメートル）の広さごとに区分けして示し、メッシュごとに濃度に応じて色分けしたものが地球化学図である。巻頭に鉄（便宜上、Fe_2O_3の形で濃度を示している）の地球化学図の例を挙げておく。

ここで地質と元素の関係をおさらいしておこう。ある地域の地質は、何種類かの岩石から構成されている。花崗岩とか石灰岩とか砂岩あるいは泥岩などである。岩石の種類が多い場合もあり少ない場合もある。個々の岩石はいくつかの鉱物からできており、その鉱物はまた、いくつかの元素によって構成されている。地質↓岩石↓鉱物↓元素　という関係である。最後の元素についてみると、ある一つの元素は、鉱物の種類によって含まれる量が異なっている。つまり元素と鉱物の間に相性があるということである。しかも、元素ごとにその相性の程度が異なっている。このような訳で、ある地域についていくつかの元素の濃度分布（地球化学図）を見ていくとその地域の特徴が、元素↓鉱物↓岩石↓地質　という風に逆にたどれることになるのである。

吉井川流域の地球化学図

元素濃度の変化は第一に地質を反映しているから、この地域の地球化学図も地質の特徴が出ている。吉井川流域の地質は、上流部に中国山地の花崗岩があり、古生代の砂岩・泥岩を経て津山から南は白亜紀の流紋岩質凝灰岩が主となる。途中の柵原付近では夜久野迸入岩を含む堆積岩がある。このような地質から見ると、旭川や高梁川の流域にある石灰岩や超塩基性岩（橄欖《かんらん》岩とか蛇紋《じゃもん》岩など）のような化学的に特徴のある岩石が分布していないので、これらの地域に比べると吉井川流域の地質はやや平凡である、と言わざるを得ない。

しかし一見平凡に見える地質でも、地球化学図を作ってみると色々なことがわかってくる。本書ではカラー印刷ができないので残念ながら本来の地球化学図は巻頭の鉄だけしか示すことができないが（口絵の図2参照）、その鉄についてみておこう。鉄の含有量は、上流部で多く、中流部で普通、下流部の流紋岩質凝灰岩が多いところで少なくなっている。上流部は花崗岩が多いところであるが、花崗岩は岩石そのものとしては、鉄を多く含んでいない。酸化鉄の形で示すと数パーセントといったところである。中流部と下流部の鉄の量は地質から推測される量にほぼ一致している。ではなぜ上流部だけが地質から推測される量を大幅に超えた値を示しているのであろうか。このことを地球化学図とは別の表示方法によって次に解明してみよう。ここでは吉井川本流からの試料に焦点を絞って進めていく。

標高の変化と含有量の関係

図3は吉井川水系と吉井川本流の試料採取地点を示している。最上流の1番から和気付近の37番まで番号を振っている。採取地点の間隔は平均して二・五キロメートルである。標高八〇〇メートルを超える源流付近から奥津渓を過ぎる辺り（地点10）の標高三〇〇メートルまで急流が続き、それから流れは急に緩やかになって、地点14と15の間には苫田ダムが作られている。それを過ぎて地点21の津山あたりからさらに勾配は緩やかになっている。

パターンI

図4には採取地点の標高と共に鉄の含有量を酸化鉄の形で地点ごとに示している。これからの話では、便宜上地点15までを上流部、それ以降を下流部とよぶことにする。図を見ると、最上流では一〇パーセントぐらいであったのがだんだん増えていって地点14では何と三〇パーセントを越えた値になっている。そこから急速に減っていって下流部では一〇パーセント以下で落ち着いていることがわかる。この下流部の

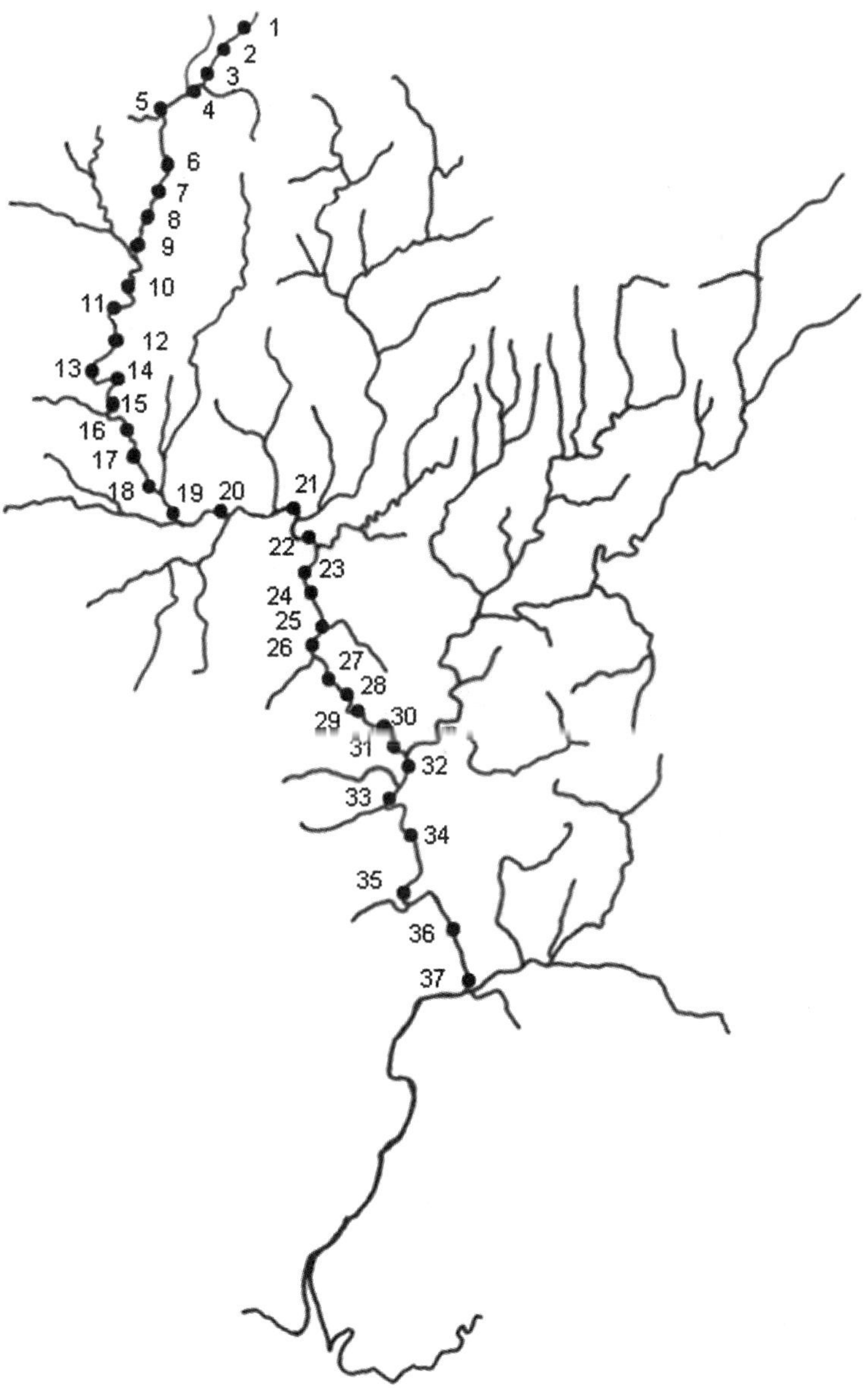

図 3　吉井川水系と本流での河川堆積物試料採取地点

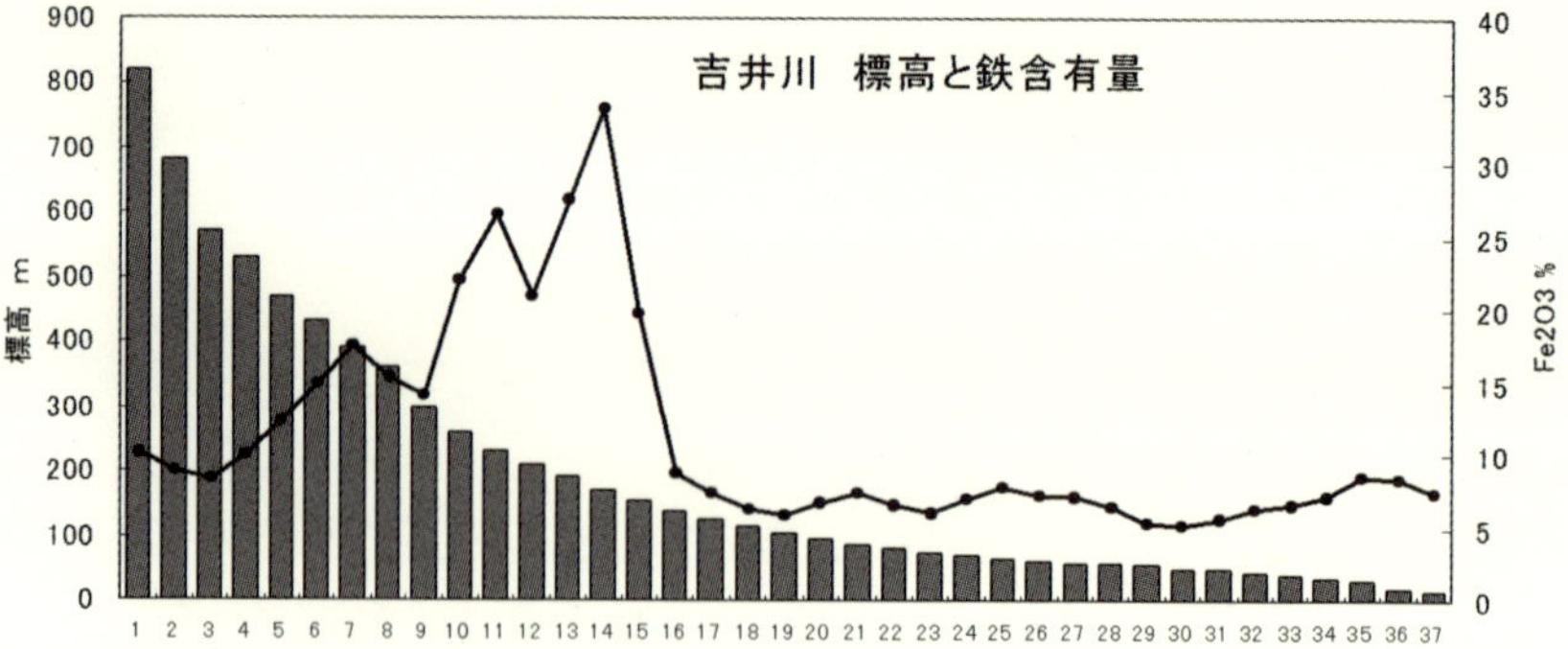

図 4　パターンⅠ：吉井川本流での試料採取地点の標高と鉄の含有量（%）
横軸の数字は地点番号。

値が岡山県での標準的・平均的な状態を示している。では、上流部の高い値は、特に地点10から15にかけての上昇は何を表しているのであろうか。

鉱物は種類によってそれぞれ比重が異なる。石英とか長石などは二・八以下であるが、磁鉄鉱（化学式はFe_3O_4）の比重は五・五である。比重が二・八より大きな鉱物を重鉱物という。水の中では鉱物は、比重が大きくなるにつれて速く沈殿するので、流されにくくなる。中国山地の花崗岩には磁鉄鉱が含まれている。この花崗岩が浸食されて吉井川に流れ込むのであるが、その中に含まれている磁鉄鉱は、奥津渓までの急流部ではなかなか堆積しない。沈殿するより流される量が多いためである。それでも地点9までは、勾配が徐々に緩やかになっているのを反映して、濃度も徐々に上昇している。しかしそこを過ぎて地点10から15にかけて勾配が緩やかになると、流されるよりも沈殿・堆積する量が急に多くなる、ということによって鉄の含有量が急増していることをグラフは示しているのであろう。ちょうど苫田ダムの辺りまで堆積は続く。そこから下流は流れがもっと緩やかになるため、重鉱物は流されずに残り、軽い鉱物だけが流されていく。このような磁鉄鉱の比重が大きい性質を利用したのが鉄穴（カンナ）流しによる砂鉄の採取である。これは人工的なものであるが、自然界にも同様のことが起こったと考えられるのである。

ところで吉井川中流域には、かって柵原に鉱山があった。磁硫鉄鉱を産する大きな鉱山である。しかしながら今回の調査によれば、その付近（地点30・31）で鉄の濃集は全く認められない。地下で採掘したものをよそへそのまま運んだから川に残っていないのであろうか。不思議といえば不思議なことである。

鉄の濃度に見られる上記のような現象は鉄以外の元素でも検証できるであろうか。それについて検討しておこう。磁鉄鉱に並んで重鉱物の代表といっても間違いではない鉱物がジルコンである。ジルコニウム（Zr）を主体とする鉱物で（$ZrSiO_4$）という化学式で表され、比重は四・七。大きさは磁鉄鉱より小さく、大体〇・一ミリメートル程度の長柱状の鉱物である。物理的にも化学的にも耐久性が強く、あらゆる岩石に含まれているが、花崗岩に最も多く含まれている。鉄は磁鉄鉱以外の鉱物にも含まれているが、ジルコニウムという元素はジルコン以外にはほとんど含まれない。したがってジルコニウムの量はそのままジルコンの量を反映しているとみなせる。このジルコニウムの量の変化は図5に示した通りである。上流部で増えていって地点14で最高になり、それから急速に減って下流部で安定する、という鉄の変化と非常によく似たパターンを示していることがわかるであろう。「川の勾配→流速→鉱物の沈殿・堆積」についての関係が、鉄とジルコニウムの含有量で明確に示されている、ということである。下流部の値が岡山県の平均値とほぼ同じである。

ジルコンは、ほかの鉱物よりたくさんのウランやトリウムといった元素を含んでいる。これらの元素の

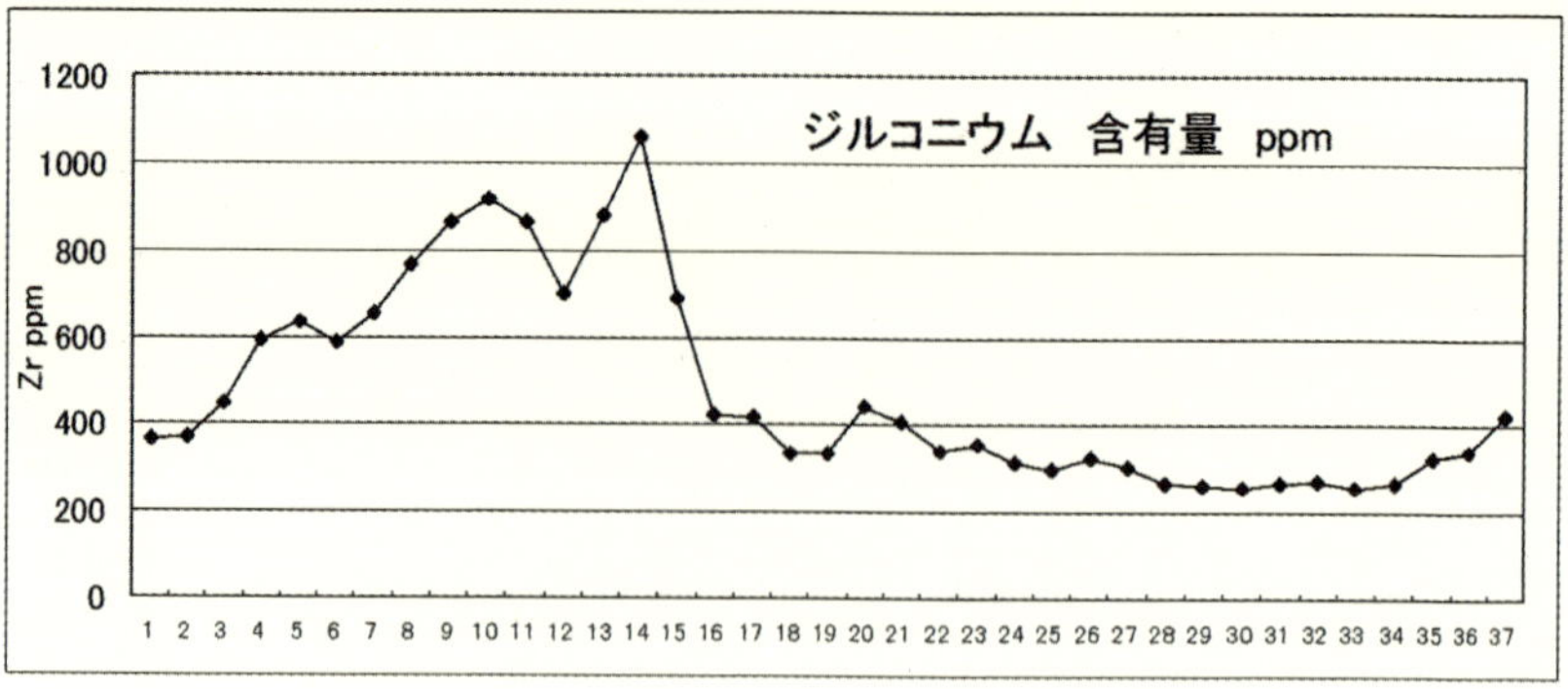

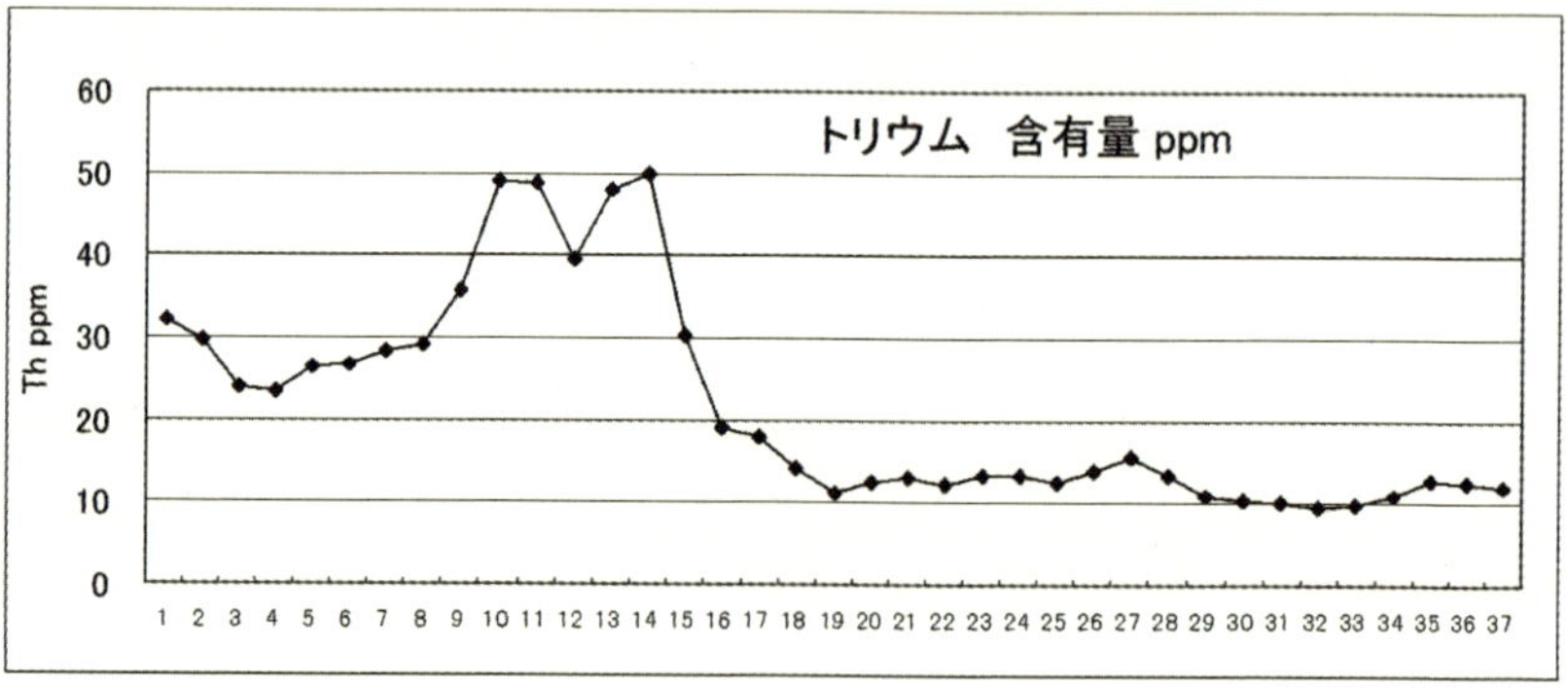

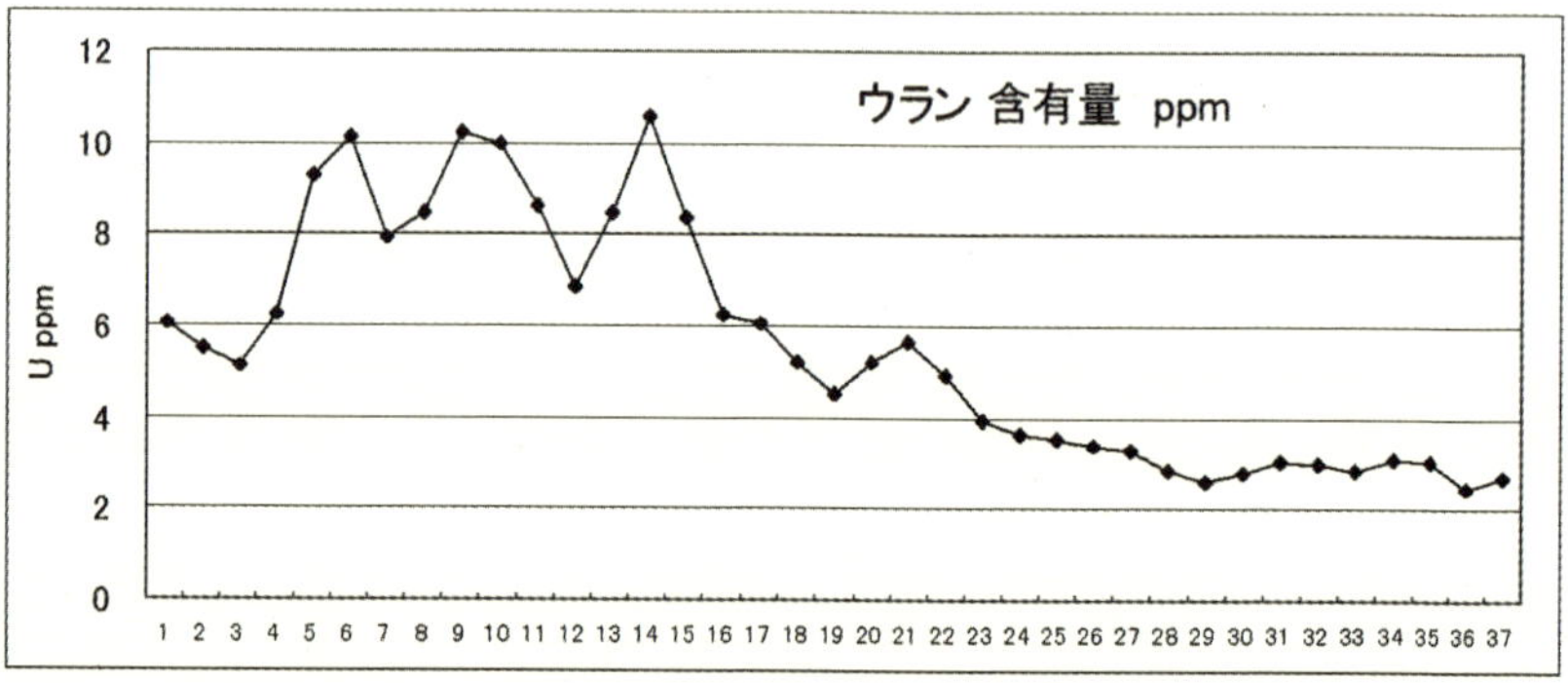

図5　ジルコニウム、トリウムおよびウランの含有量（ppm）

量の変化を図5の下に載せておく。ジルコニウムほどではないが、やはり上流部で多く下流部で少ない、という特徴が現れている。ウランでは、地点14だけにピークがあるのではなく、上流部の広い範囲で多くなっているようである。これは、ジルコンに含まれているもの以外に、人形峠に代表されるウラン鉱石（リン灰ウラン石、比重三・七）などがあるのかもしれない。もっとも、多いといっても下流部の三倍の一〇ppm程度であるから、花崗岩地帯としては特別大きな値ではない。ウランもトリウムもやはり下流部の値が岡山県の平均値と一致している。

パターンⅡ

もうすこし別の元素を見ておこう。図6に、上流部と下流部で変化の少ない元素の例とし

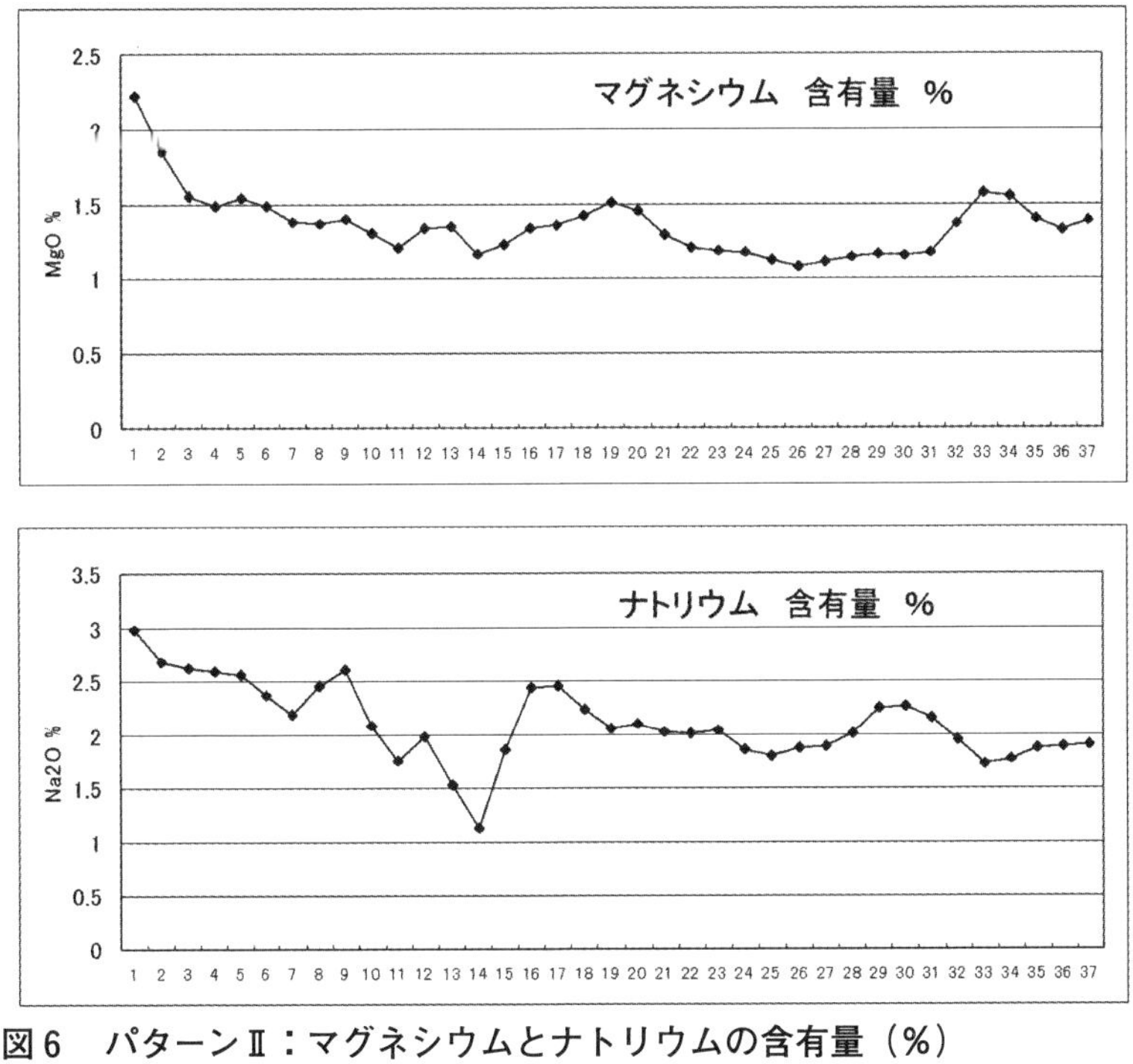

図6　パターンⅡ：マグネシウムとナトリウムの含有量（%）

て、マグネシウムとナトリウムを示した。マグネシウムは最上流部で少し高い値を示しているが、それ以外ではほとんど変化をしていない。これは、地質のところでも説明したように、超塩基性岩のようなマグネシウムを多く含む岩石がこの流域にはない、ということの現れであろう。超塩基性岩のほかにマグネシウムを多く含む岩石や鉱物はこの地域にはとくに見当たらない。含有量は、全体として岡山県の平均値と同じである。

ナトリウムは一般的にいって変化に乏しい元素である。上流部の花崗岩地帯でやや多い、という特徴は他の花崗岩地帯でも見られる現象だが、それも顕著なことではない。地点10から14で低くなっているが、この地域で鉄が多くなっていることが影響していると考えられる。ナトリウムの含有量は、吉井川流域全体としては岡山県の平均値より若干高くなっている。これは、他の岩石よりナトリウムを多く含む花崗岩とか流紋岩質凝灰岩などが卓越していることと関係しているのであろう。

パターンⅢ

図7には、上流部より下流部で高濃度になる元素の例を示した。銅とニッケルである。銅のパターンは鉄のパターンの左右を逆にしたようになっている。しかし、その原因は川の勾配とか流速には無関係と考えられる。岡山県全体の銅の平均値は約三〇ｐｐｍであるから、上流部で平均値より低く、下流部で高い、という結果になっている。銅は普通の鉱物には入り込めず、鉱山を作るようないわゆる鉱石鉱物の中に主として含まれている。しかし、鉱山といっても、現在採掘されているところはほとんどなく、鉱山の跡が

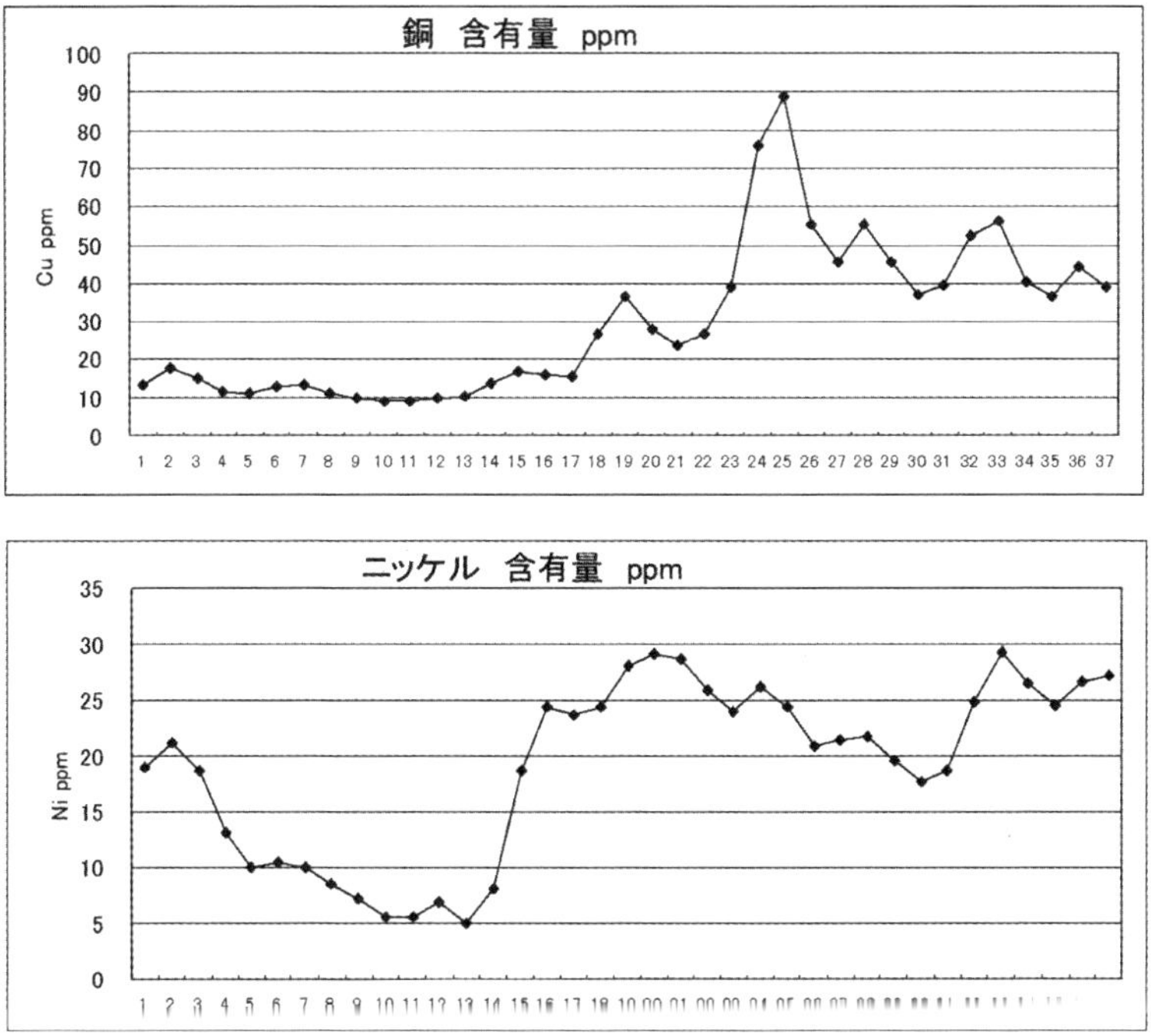

図７　パターンⅢ：銅とニッケルの含有量（ppm）

あるかどうかが濃度に関係している。そういうところから自然に流れ出しているものが測られているわけである。銅は鉛や亜鉛と同様に鉱山（跡）の影響が顕著に現れる元素なのである。吉井川本流上流部の花崗岩地帯には銅の鉱山がほとんどなく、このことが濃度の低さに関係している。一方、古生代・中生代の堆積層や流紋岩質凝灰岩の地帯にはあちこちに銅の鉱山跡があるので、その結果、下流部で濃度が高く出ていると推察される。

　ニッケルは、岡山県の平均値が二八ｐｐｍであるから、下流部の値がそれに匹敵している。図では一見下流部が多いようになっているが、上流部が少なすぎるので、結果的にそのようなパターンになっている、ということであろう。花崗岩地帯では一般的にニッケルには欠乏しているから、ここの結果は特別のものではない。

以上のことより、銅とニッケルはよく似たパターンを示しているが、その原因は同じではない、ということが判明した。

まとめ

河川堆積物の化学組成を測ることによって、その地域の元素濃度の変化を調べることができた。そのような変化は、地球化学図として一枚の地図上に示すことができるわけだが、今回は印刷の制約上、多くの元素の例を見せることができず残念であった。しかし、別なかたちで解析を試みた結果、川の勾配・流速といったことが濃度変化を支配する要因の一つとして重要な働きをしていることが明らかになった。別な言葉で表現すれば、地球化学図を支配する要因は、一：地質、二：鉱床、三：地形、ということになる。吉井川流域においては、標高の高い最上流部に磁鉄鉱を含む花崗岩が分布していること、それ以外に鉄の濃度に大きな影響をもたらす地質的要因がないこと、などの特徴がその解明に大きく寄与したといえるであろう。

吉井川水系には新たに苫田ダムが建設された。今回測定した試料は、貯水以前に採取したものであるが、十年後、五十年後あるいは百年後に試料を採取して測定すれば、どのような値を示すのか興味のあるところである。変わるのか、変わらないのか、変わるとすればどのように変わるのか、見守っていきたいと思う。

岡山県の地球化学図の作成プロジェクトについては、これまで十年余りの岡山理科大学の多くのゼミ生諸君の協力を仰いでいる。放射化分析は京都大学原子炉実験所の共同利用研究で行ったものである。共同研究者の同実験所高田実弥博士ともども厚くお礼を申し上げたい。この小論はプロジェクトの成果の一部についてまとめたものである。

[参考文献]

猪木幸男・村上允英・大久保雅弘　編『日本の地質7　中国地方』共立出版（一九八七年）
光野千春・沼野忠之・高橋達郎『原色図鑑　岡山の地学』山陽新聞社（一九八二年）
光野千春・沼野忠之　監修、野瀬重人　編『岡山県　地学のガイド　岡山県の地質とそのおいたち』コロナ社（一九八〇年）
光野千春・杉田宗満　編『10万分の1　岡山県地質図』内外地図（一九八〇年）

三　タタラでできた湿原

人形峠から奥津にかけて点在する湿地

岡山県の脊梁《せきりょう》地域の一つであり、吉井川の源流域でもある人形峠から奥津にかけての地域には、小規模ながら湿原植生の発達した湿地が多い。ただし、植物としてはすべてのスタッフがそろっているわけではなく、本来ならば生育していてもよい植物が生育していない場合もめだつ。一般的に脊梁地域は急峻であることが多く、湿地が発達することは少ない。この地域の湿地の多さは、なぜだろうと思っていた。岡山県立森林公園の中にはいくつかの比較的広い湿地があり、周辺地域の谷底や山麓にも点々と湿地が見られる。かなり昔になるが、森林公園内の湿原を詳しく調査する機会があった。その調査結果から話を始めよう。

森林公園の湿原

森林公園の入り口を入ると、平坦地が広がる。清冽な水が流れる渓流の周辺は、マユミやトチノキなどが点々と生育する開けた谷である。園路を進むとまずカラマツ園地湿原が見えてくる。この湿原にはミズバショウが植栽されており、早春には清楚な花を咲かせている。更に奥に進むと六本杉湿原が右手に見えてくる。森林公園の中では最も良好な、モウセンゴケやトキソウなどの湿原らしい植物が生育している湿原である。さらに奥に進むと、おたからこう湿原がある。晩夏には、オタカラコウが一面に黄色い花を咲かせて美しい。この湿原は流入する水量が多く、湿原とは言っても沼沢性が高い。これらの湿地の中では、最も六本杉湿原が良好なものであったので、この湿原を詳細に調査することにした。

六本杉湿原の植生と成因

六本杉湿原は全体的にはイヌツゲやレンゲツツジなどの低木群落の生育面積が広い。低木群落の下には、イヌツゲに守られてオオミズゴケが厚いクッションを形成している。モウセンゴケやトキソウ、コイヌノハナヒゲ・イトイヌノヒゲ・カリマタガヤなどの生育する草丈の低い良好な植生は残念ながら狭く、園路から離れた山際に発達している。園路沿いを流れる小川からの水ではなく、山からの湧水に養われているのである。

この六本杉湿原の歴史は？　どうして出来たのだろう？　との疑問から、ハンドボーラーで堆積物を

図１　岡山県森林公園の六本杉湿原

調べてみた。意外にも山際の部分が最も低く、この場所に昔小川が流れていたことがわかった。現在の小川は道を挟んで反対側を流れている。土砂が堆積し、流れの場所が変わって、湿原が形成されたのである。もっと驚いたことは、下層から炭が出てくることであった。木炭の破片がたくさん出てくる。この地域で炭焼きが行われていたのである。湿原の歴史は、意外に短いことになる。森林公園のブナ林やミズナラなどの林は若い個体が多く、所々に巨木が残されてはいるものの、多くの樹木は五〇～一〇〇年程の樹齢であろう。比較的最近まで伐採が行われ、炭焼きなどが行われてきたことがわかった。

その後、脊梁《せきりょう》地域を調査していく際に、たびたびおかしな地形に出会うことがあった。話には聞いていたが、タタラ製鉄の影響によってできた地形であることに気づいたのは、ずいぶん後のことである。

かんな流しとタタラ製鉄

中国地方の花崗岩地帯などでは、古くからタタラ製鉄が営まれてきた。花崗岩の中には一～三％程度の砂鉄が含まれている。特に中国地方では、チタンをあまり含まない良好な磁鉄鉱を含む花崗岩が産するので、大規模なタタラが営まれてきた。

タタラは、まず砂鉄を取り出す作業から始まる。花崗岩は深層まで風化することがあり、この風化層は厚いところでは一〇〇メートル近くにも及ぶことがあるという。この風化土は「まさ土」と呼ばれて庭や学校の校庭などの用土として広く利用されている。このまさ土から砂鉄を取り出すわけであるが、数％しか含まれていないので採取は大変である。まさ土の層を掘り崩し、木製の樋《とい》に投げ込んで水を流すと軽い土は水に押し流され、比重の重たい砂鉄は底に沈殿して残ることになる。このような水流選別は「かんな流し」と呼ばれていた。かんな流しには大量の水が必要であるので、雨量が多く、水を得やすい場所で行う必要があった。

砂鉄を採取するためには、大量のまさ土を掘り出すので、大量の土砂が流出することになる。土砂は下流の河床に堆積し、洪水が頻繁に発生するようになる。洪水だけではなく、農耕地の排水が困難になるなど、農民との争いは絶えなかったという。土砂の流出を防止するために、谷には沈砂池が作られたが、土砂が貯まった沈砂池は後に水田として耕作されるようになる。

大量に木炭を使用する「タタラ製鉄」

一回の製鉄作業で二トンの鉄塊を生産するとすれば、約四倍の八トンの砂鉄が必要であり、その量の砂鉄を得るためには、約三〇〇トンのまさ土を掘り取る必要があることになる。採取した砂鉄から高純度の鉄塊を得るためには、大量の木炭が必要である。二トンの鉄塊を得るためには、三〇トン近い木炭が必要であり、木炭を作るためには一〇〇トンほどの木材が必要であることになる。

タタラには、「砂鉄八里、炭三里」という言葉がある。砂鉄は重たいが、体積は小さいので比較的遠距離を運ぶことが出来る。一方、木炭は大量に必要であるし、かさばるので遠距離を運ぶことができず、三里ほどが限界であるとの意味だそうである。したがって、森林を伐採し尽くすと、タタラの集団は新たな場所へと移動していった。

このようなタタラの実態を知った上で、昔の人形峠を想像してみよう。山は宅地造成のように大規模に切り取られた場所が点々とあり、森林のほとんどは伐採されており、川には大量の土砂が貯まった沈砂池がある状況となるはずである。鉄という価値の高い素材を得るために、大規模な自然破壊が行われていた状況が想像できる。

タタラ製鉄は、明治初頭に九州八幡に近代製鉄が導入された後も、しばらく続いたという。日野川の上流では、一九二三年（大正一二年）ころまで盛んにかんな流しが行われていた（貞方、一九九六）。岡山県の中和村でも大正時代までは行われていたので、自然が回復し始めたのは、昭和になってからということになる。県北の自然が地形改変も含む強度に破壊された姿は、つい最近まで継続されていたと考えた方がよいようである。

奥津大神宮原の地形

奥津町の泉山《いずみがせん》の山麓に、大神宮原という緩やかな傾斜を持つ平原がある。昔はスキー場として利用されていたこともあるが、近年は温暖化のためか、そのような利用は中止されている。以前から泉山に登るたびに、おかしな地形であると思っていた。この地域は緩やかな起伏を持つ地域であり、ゴルフ場などの大規模レジャー開発が眼を付けることとなり、現地を調査する機会があった。その眼で歩いてみると、タタラ製鉄の際にできる鉱滓の「かなくそ」がたくさん落ちている。谷底には大量の土砂が堆積しており、湿原も見られる。明らかにかんな流しとタタラ製鉄が行われていたのである。その眼でこの地域の地形を眺

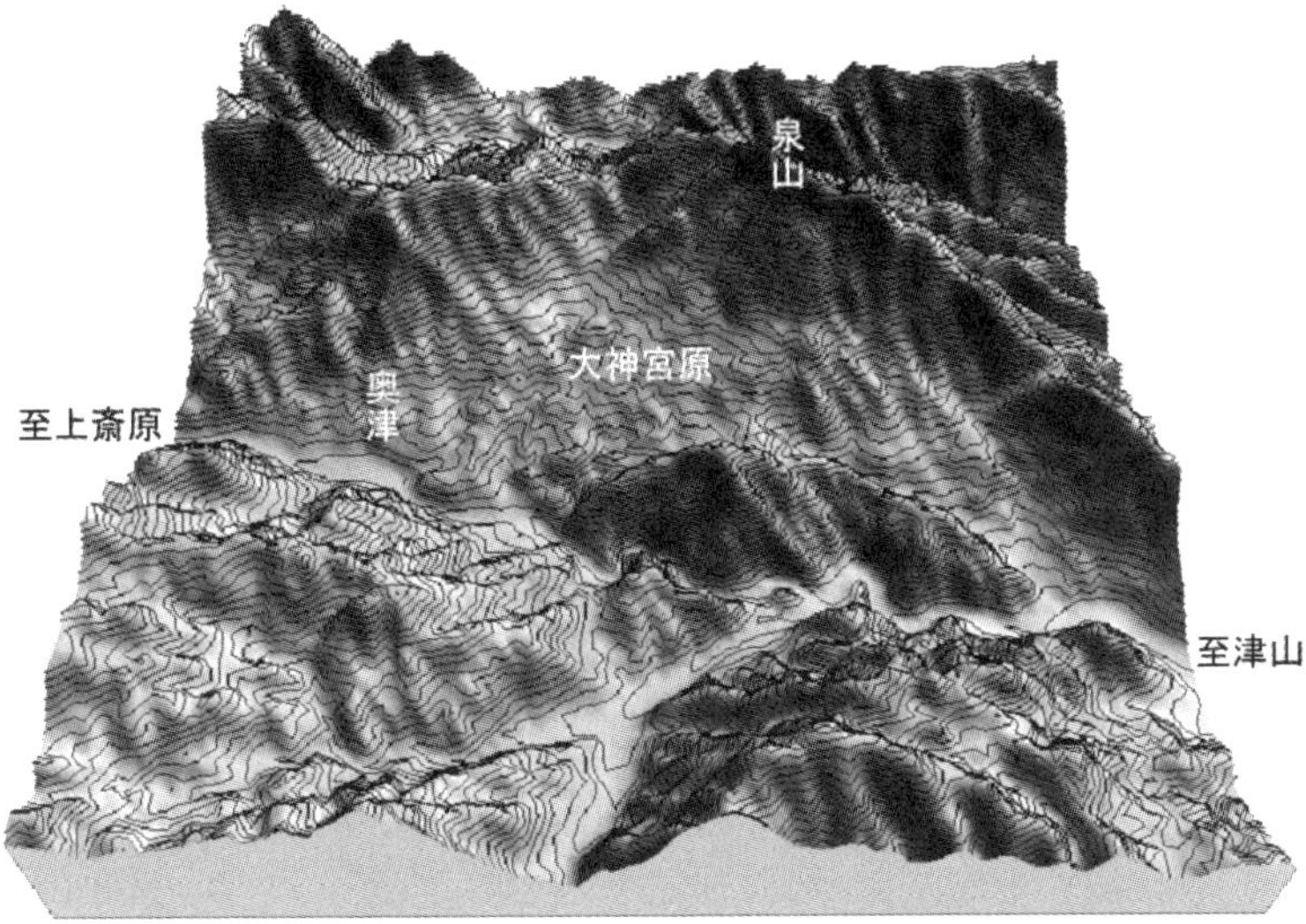

図２　奥津町大神宮原周辺の地形

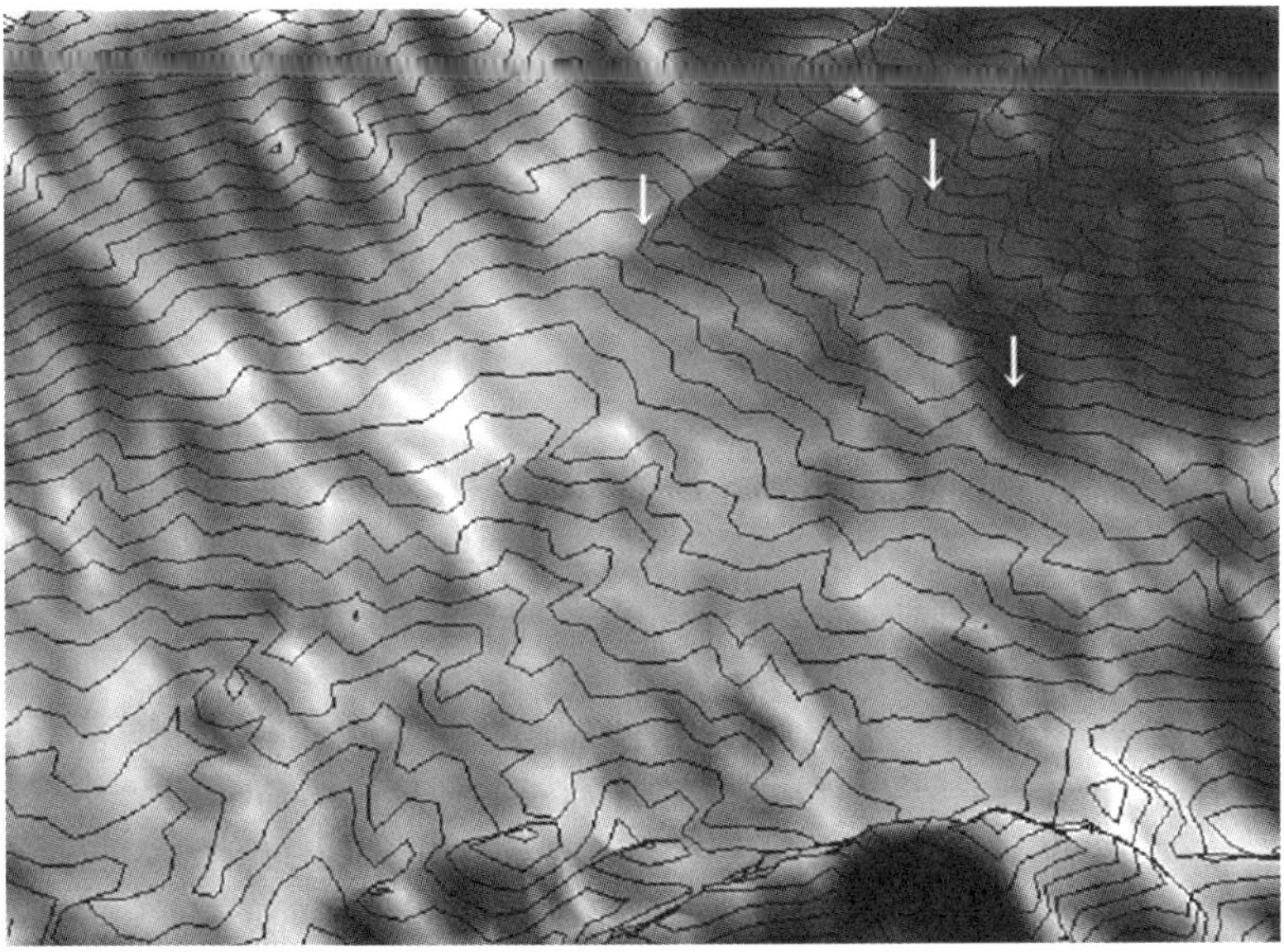

図３．大神宮原付近の拡大図
↓の付近で、尾根が削り取られてなくなっている。斜面には、点々と削り残された残丘が点在しているのがわかる。

めてみよう。

泉山から伸びている尾根が、途中から無くなっている。普通、山頂から伸びる尾根は山裾に至るにつれて深くなり、尾根と谷の落差が大きくなるものであるが、ここでは途中から尾根が無くなり、緩やかな平地となっている。かんな流しで尾根が削り取られているのである。泉山の山裾は地図で簡単に判読できるほど、大規模に改変されている。ブルドーザーやバックホウーなどの重機がない時代、人力だけによる地形改変であり、驚異的である。注意して地図を見ると、この周辺ではあちこちにこのようなかんな流しの跡地を見つけることが出来る。

森林公園の地形

森林公園では、かなくその山が残っており、木炭も見られることから、かんな流しとタタラ製鉄が行われていたのは明らかである。この地域の地形図を見ると、元の地形が想像できないほど、大きな改変を受けていると考えた方が良さそうである。本来の谷はどこに流れていたのであろうか、と思えるほどである。大量の土砂の流出は、現在の谷を広く埋めており、森林公園のまゆみ園地や湿原の平坦な谷平野を形作っているのである。森林公園の湿原もこのような土砂の堆積によって生まれたのである。

流出した土砂の影響

いったい、人間は鉄を得るためにどれほどの山を削り取ったのであろうか？　広島県から島根県にかけての地域では、貞方（一九九六）によって詳細なかんな流しによる地形の変貌が調査されている。これによると、かんな流しでは、平均二〜一〇メートル、最大では二五メートルの厚さでまさ土を掘り崩しているとしている。総量では八・五〜一二億立方メートルと推定している。実感のない数字であるが、一〇キロ×一〇キロの範囲を厚さ一〇メートルほど掘り取ったことになる。

米子市から境港に伸びる弓ヶ浜を構成する土壌粒子は、中海側と美保湾側とでは大きく組成が異なっており、奈良時代以降のかんな流しによって、年平均五メートルも広くなったと推定しているが、何ともすさまじい量である。

岡山県に関しては、高梁川が岡山平野西部に及ぼした影響が調査されている。高梁川河口域では、土砂の堆積によって河床が高くなって天井川化し、酒津から連島までの地域でたびたび堤防が決

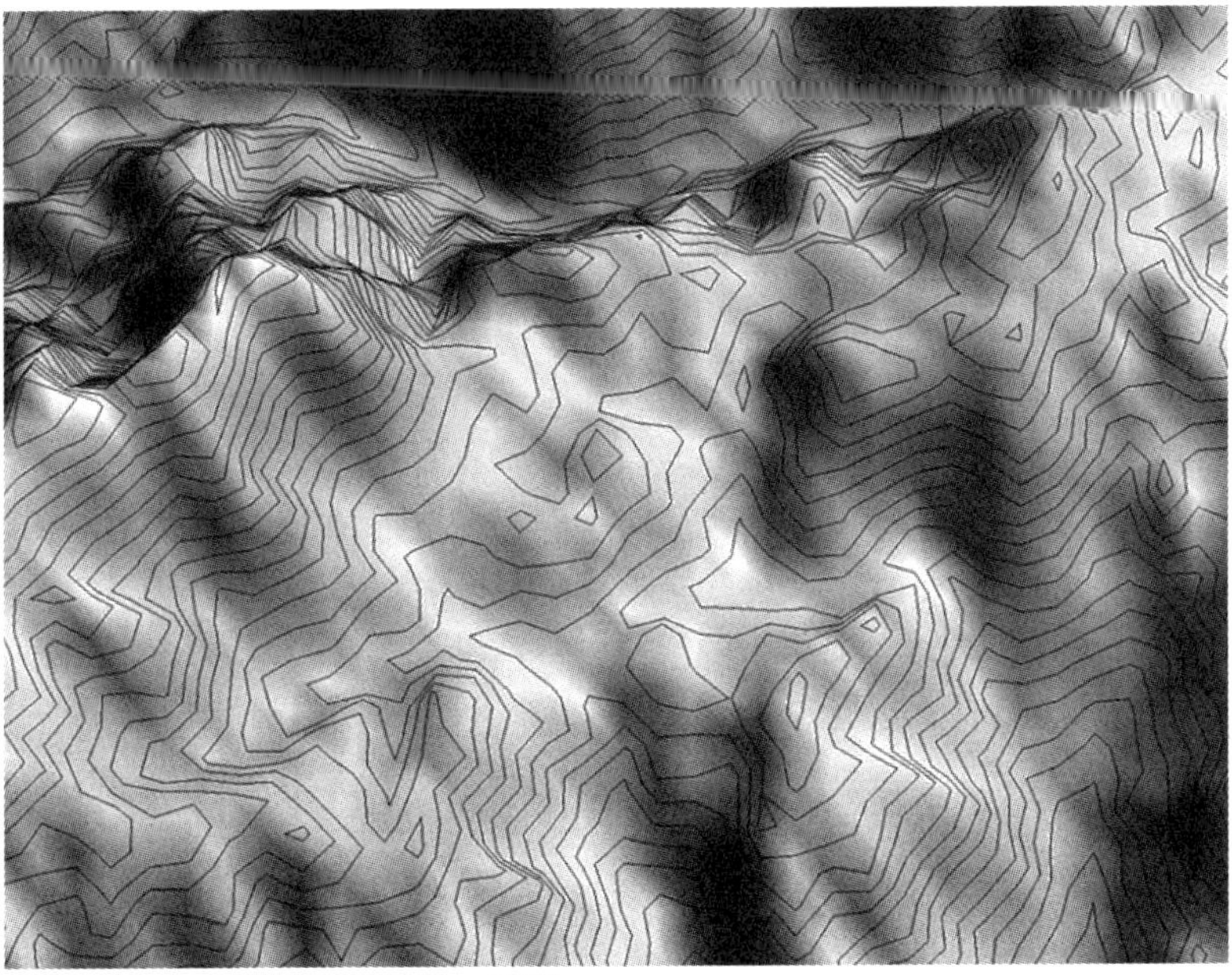

図４．岡山県森林公園周辺の地形
森林公園の南からの眺め。尾根が削り取られ、谷底には土砂が堆積している。

壊し、洪水とそれに伴う土砂の流入に悩まされたという。このような洪水は、一九〇〇年以降無くなったが、これはかんな流しの衰退と大きな関係がある。一方、大量の土砂は河口付近に堆積し、干拓地として造成されることになる。高梁川流域で流された土量は一・九九～二七億立方メートルと推定され、その内七四〇〇万立方メートルが岡山平野西部に堆積し、平野の拡大に貢献しているという。高梁川では、酒津から現在の水島まで、厚さ二～四メートルの厚さでかんな流しによって流下した土砂が堆積しているのである。

吉井川流域でも、同様に河床の上昇による洪水と海岸平野の拡大があったに違いない。特に津山盆地は大きな被害を被った可能性がある。

かんな流しが自然に与えた影響

かんな流しによって、河川は天井川となってあふれて大規模な洪水を発生させた。土砂は河原を広げ、河口域では海岸平野を広げてきた。近代製鉄の発展とともにかんな流しが衰退すると、河川の流れは固定化し、河原は安定化して砂礫の広がる河原は少なくなってしまった。海岸は土砂の供給により砂浜は拡大していたが、土砂の供給が少なくなった現在、海岸は浸食され始め、白砂清松の海岸は風前の灯である。ここ数百年、人類は想像を絶するほど自然を改変し、大きな影響を与えてきたわけである。

岡山県は、残念ながら自然植生の残存率では四七都道府県の中で最下位である。通常、脊梁となる山岳地帯には自然林が残されているものであるが、岡山県は脊梁山脈の標高が低い上に、花崗岩の中でも砂鉄採取に適した性質を持つ地質となっている。本来ならば、人間の立ち入ることが少ない脊梁域において、タタラのために森林が徹底的に伐採されたために、自然林の残存率が少ないわけである。

湿原の研究をしている間に、かんな流しに行き着いてしまった。かんな流しによって谷が埋まり、湿地となったものを眺めていたわけであった。自然性が高いと言われる湿原ではあるが、人類による過去の大規模な自然破壊によって湿原の基盤地形が生まれ、その後の年月によって自然性の高いものへと回復したのである。一方、かんな流しで切り取られた地域の森林植生は、いまだに貧弱である。自然の回復力は着実であり、すでにかんな流しが行われていたことすらわかりにくくなりつつあるが、豊かな自然へと回復するためには、まだまだ相当な年月が必要である。

〔主な参考文献〕
岡山県環境保健部自然保護課『自然保護基礎調査報告書』―湖沼・湿地地域学術調査結果―（岡山県立森林公園）（一九八三年）
貞方　昇『中国地方における鉄穴流しによる地形環境変貌』渓水社（一九九六年）

四　吉井川下流域の先史時代遺跡

はじめに

岡山県の三大河川の一つである吉井川は、上斎原村の北北東で鳥取県側に存在する標高約一二五二メートルの三国山に、その源がもとめられ、そこから岡山市外波の河口までは、約一三七・五キロメートルにもおよんでいる。下流域として、ここではほぼ瀬戸町以南の地域をあつかう。そして下流域をめぐって、旧石器時代や縄文時代の人々が活動した痕跡をとどめている場所―遺跡のありかたや、人々が生活するに際して必要としたモノ―道具―遺物などの種類とその特色を概観する。そうすることによって、当時におけるこの地域の特性を抽出していきたい。さらに、特性をより鮮明にする手法として、上流域や他地域の事例を支援材料として適宜採用する予定である。なお、最近では、放射性炭素による年代測定法（以下、C14法）によって計測された年代を、暦年代に較正した値が公表され、この値を使用している論文等もみられる。しかし、暦年代に較正した値は、現時点で完全に定着しておらず、本稿では従来の年代を採用する。

旧石器時代とは

昭和二四年の岩宿遺跡の発見がきっかけとなって、我が国の旧石器時代研究が開始されたことは著名な事実である。そもそも旧石器時代とは人類史上最古の時代であり、一九世紀末に英国のJ・ラボックによって提唱された時代区分である。世界史的には一万年前〜二〇〇万年前の間の時代のことをいう。西欧では約二〇〇万年間の旧石器時代を前期、中期、後期と大きく三つの時期に区分している（表1）が、この区分は人類の進化の状況とそれにともなう文化内容の違い、そしてその特徴に基盤を置いている。ちなみに地質学では、約五四〇万～二〇〇万年前の期間を鮮新世、二〇〇万～一万年前の間を更新世（洪積世）と区分している。

現代は、完新世（沖積世）の世の中である。したがって、旧石器時代の大部分は更新世に所属するともいえよう。ところで、我が国の旧石器時代も同様に時期区分が施されている。文化庁によると、三万五〇〇〇年前を基準として、それより古い時代を（前・中期）旧石器時代、三万五〇〇〇年前から一万三〇〇〇年前までを後期旧石器時代としている。なお、我が国で旧石器時代の終了を約一万三〇〇〇年前としているのは、土器の発生などを考慮しているためである。

後期旧石器時代の人類をとりまく自然環境

旧石器時代に人類は六つの氷期と、それぞれの氷期

地質学的区分		旧石器時代の区分	万年単位	氷期と間氷期
更新世	後期	後期	1	ウルム氷期
		中期	3.5 7	リス・ウルム間氷期
	中期	前期	13	リス氷期
			30	ミンデル・リス間氷期
			38	ミンデル氷期
			50	ギュンツ・ミンデル間氷期
	前期		80	ギュンツ氷期
			120	ドナウ・ギュンツ間氷期
			100	ドナウ氷期
				ビーバー・ドナウ間氷期
			200	ビーバー氷期

表1　旧石器時代の氷期と間氷期

の間では五つの間氷期を経験してきた。我々人類が最後に経験をした氷期はウルム氷期であり、この氷期は「最終氷期」ともよばれている。以下、身近なウルム氷期の自然環境をみてみよう。同氷期は、約七万年前から始まり、約一万年前にはほぼ終了している。この約六万年間を通じて、最初から最後まで氷河の勢いが強かったわけではなく、隆盛を極めた時期（亜氷期）が四回存在したことが判明している。とくに最寒冷期（約二万年前、または一万八〇〇〇年前）には、年平均気温が現在と比べて約七〜八度も低下していた。地面の水分が凍結する期間が多くなり、そのために河川から海や湖に流入する水量が減少する。くわうるに亜氷期では大気が乾燥状態となり、海、湖、河川の水分が蒸発する。これらの条件によって、水域部では水面や海面が低くなる。最寒冷期の汎世界的海水準低下量は約一一五〜一三〇メートルと推定されている。海面が低下すると、水深の浅い部分は露出して陸地化する。したがって、日本列島周辺や列島内部で海峡によってへだてられている地域でも、この海水準低下量より水深が浅いと双方がつながり、いわゆる陸橋（ランド・ブリッジ）が出現することになる。これらの陸橋を通って動物や植物が地続きになった列島と大陸を何度か往来していたわけであり、当然ハンターたちも動物の群れを追って、大陸から列島へ何回も、波状的に渡来してきたことは理解できよう。この氷期の間に、列島の北方から陸橋をわたってマンモス動物群に代表されるマンモス象、ヘラジカ、ヒグマなどが列島に移動している。さらにこれら動物群に以前から生息していたナウマン象、ヤベオオツノシカなどの動物群が加わる。我が国で出土する当時の石器が、中国や朝鮮半島で出土しているそれらにきわめて類似するものが多い理由は、人々の移動とそれにともなう文化の伝播に求めることができるのである。

一方、このころの瀬戸内海には、海水が入らず陸地化し、関門海峡はもとより、九州、四国や淡路島も本州と一体となっていた。気候や地形が現在より異なること、そこに繁茂する植物や生息する動物にも今とは異なった様相がみられる。花粉分析の結果、最寒冷期ないしはそれに近い時期における瀬戸内地域では、コナラ亜属、ニレ—ケヤキ属、ツガ属、マツ属などの植生が報告され、冷温帯針広混淆《こんこう》林であったと考えられている。では瀬戸内地方の地形はどの様な状態であったろうか。この場合、注目せねばならないのは、瀬戸内海を成立、あるいは陸化する海水面の変化である。現在の瀬戸内海につながる最初の海は、更新世中期に出現し、ウルム氷期最寒冷期より以前の約三万～約二万四〇〇〇年前には、備讃瀬戸一帯に海進があり、この地域を中心に海が成立していたと考えられている。そして最寒冷期が近づくにつれて、この海の後退が始まり、同時に備讃瀬戸地域の一部に湖水域が形成されたが、約二万年前以降には、この湖水域も面積を縮小、部分的に散在し、他方では平原域が拡大し、湿原や河川が出現したようである。このような地理的条件は旧石器時代人にとって、格好の生活の場となっていたことであろう。さらに列島では、大きな事件が発生した。それは約二万四〇〇〇年前に現在の鹿児島湾奥を起源とする始良《あいら》火山が大爆発し、その火山灰（始良丹沢火山灰、略してAT火山灰）は、広域火山灰とよばれ、列島では北海道南部まで、近隣地域では韓国南部、ロシアのウラジオストーク近郊などから検出されている。いかに広範囲に降りそそいだのか、そして植生などが多くの地域で破壊され、AT前後で人々の環境が大きく変化したことなどが理解されるであろう。

旧石器時代人たちの生活場所と道具

今私たちが発見できる旧石器時代に残された遺物の大半は、石で作られた道具―石器である。他の素材で作られた道具、例えば木製品や骨角器などはごくまれにしか見つからない。それは日本列島の大半の地域は、今までに何らかの火山灰の降下を経験しており、それらが堆積した土壌となっている。この火山灰は酸性であり、そこに埋もれている木、骨などの有機質を長い年月の間に分解してしまう性質があるからである。石器類が発見されている場所―遺跡は岡山県内全域で、現在約一〇〇カ所以上にのぼっている。この数値は、今までに何らかのかたちで報告されている遺跡の数値であり、石器などが地表面で採集されていても、未だ報告されていない遺跡もくわえると、その数は数倍以上になることが予想される。とくに、瀬戸内沿岸部の島嶼《とうしょ》部、本土側の岬や半島部分と中国山地の県北部に遺跡が集中している。瀬戸内沿岸部は古くから石器類が地表に露出している場合が多く、研究者のみならず、一般の人々からも注目されていた地域である。しかし一方では、当時の生活場所に残された石器などの遺物を覆っていた地層が長い年月の間に流失し、多くの遺跡では時代の異なる種々の遺物が同一の層から混じり合って検出されているのが実情である。吉井川下流域の旧石器時代に所属する遺跡も例外ではない。

吉井川流域全体で旧石器時代の遺跡数は約二〇カ所以上にのぼる。このうち上流域では約一二、下流域では約一一カ所（図1）と吉井川流域では、その差が現時点では認められない。なお、それらのなかで最も古い石器は、旭東丘陵から相当数発見されている。これらの石器群は珪岩から作られ、前期旧石器時代に所属すると考えられている。また、マレーシアのコタ・タンパン遺跡出土石器との類似性も指摘されている。写真1の石器はハンドアックスと名付けられている石器である。中期旧石器時代の道具類は、岡山県内全域でも未発見である。したがって、岡山市旭東丘陵の遺跡を除くと、発見されている残りの他の遺跡は後期旧石器時代の遺跡であり、その数も当然増加する。遺跡数の増加は、一面では人口増加の反映でもあるといわれている。

後期旧石器時代を代表する石器の一つが、ナイフ形石器（以下、単にナイフ）とよばれるものであり、各地方によって独特の姿—かたちをしている。日本列島で初めて地方色—ローカル・カラーが出現したといってもよい。地方色に富む石器ではあるが、共通しているのは石塊からはぎ取られたうすい石片（剥《はく》片）を素材として、そのいずれかの一側縁を刃部に設定し、それとは反対側の鋭い側縁部が細かく打ち欠かれ

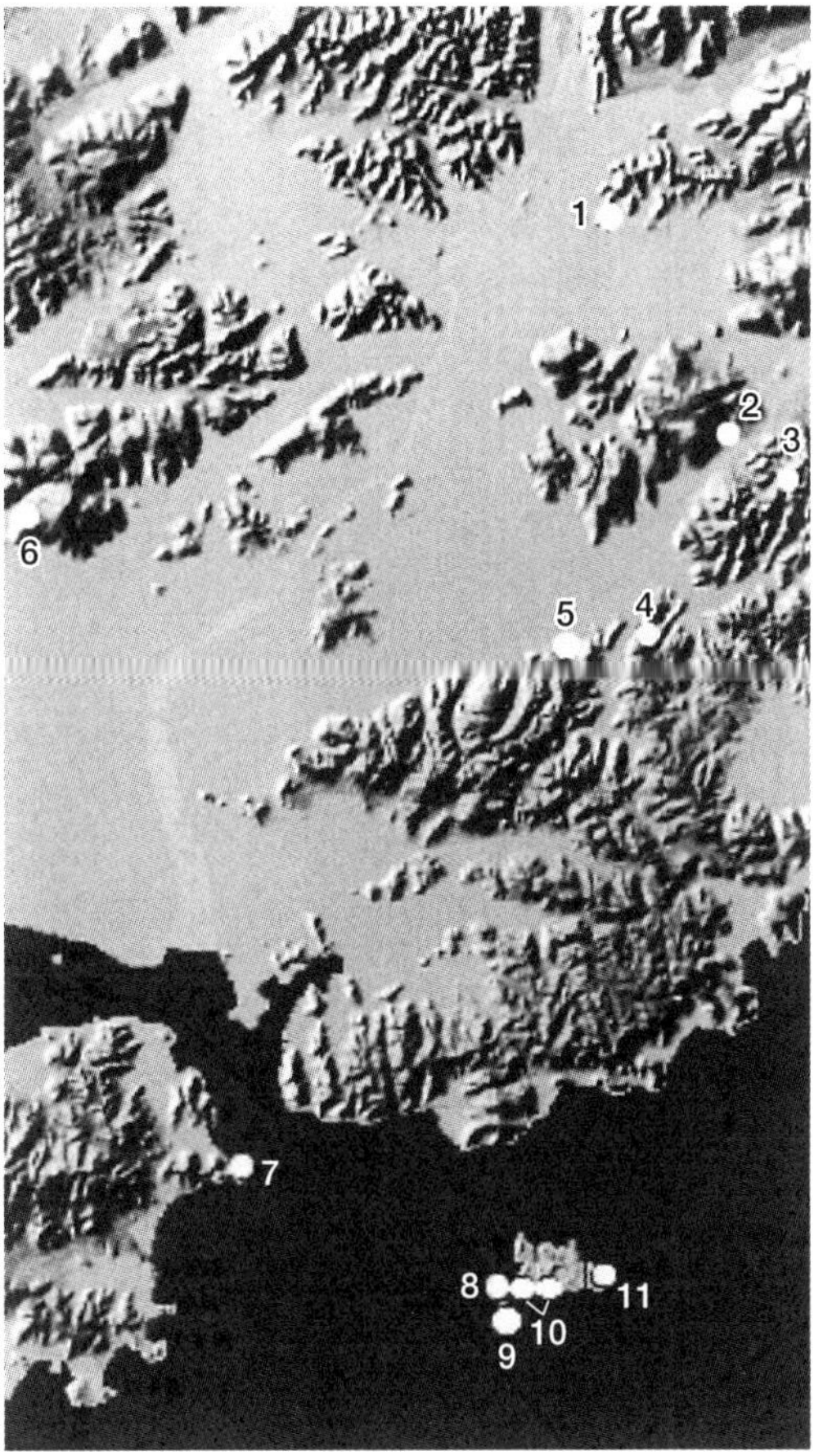

図1　吉井川下流の旧石器時代遺跡
1.丸山遺跡　2.西谷遺跡　3.広高山遺跡
4.才ノ峠遺跡　5.船原舵ヶ端貝塚　6.旭東丘陵
7.米崎遺跡　8.地竹ノ子島遺跡　9.沖竹ノ子島遺跡
10.犬島遺跡　11.沖鼓島遺跡

た石器である。最近では刃部に残された使用痕の研究から、ナイフは対象物を切断、あるいは突き刺す際に使用されたと考えられている。瀬戸内地方は、とりわけ「国府型ナイフ形石器」（図2）（以下、単に国府型ナイフ）とよばれるナイフがAT火山灰の時期前後あたりから爆発的に流行した。同石器は瀬戸内技法とよばれる独特の技法から作られ、当時

写真1　旭東丘陵採集珪岩製旧石器（約1/3）
出典：文献1を一部改変

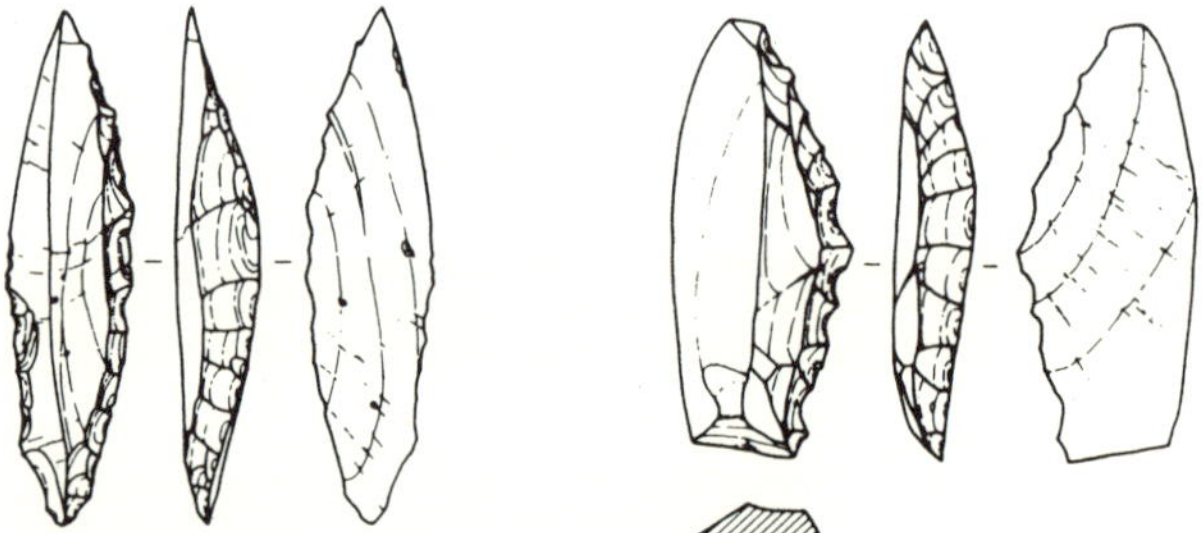

図2　国府型ナイフ形石器　長船町西谷遺跡出土
出典：文献2を一部改変

の人々が国府型ナイフを製作する際には、瀬戸内地域特産のサヌカイト（讃岐石）を好んで用いた。折しも、この時期の瀬戸内にはナウマン象などの大型獣類が生息し、国府型ナイフは、それらを追い求めるビッグゲーム・ハンターたちがたずさえた道具の一つとして名高い。下流域で、国府型ナイフやそのグループの石器は岡山市米崎や犬島、長船町広高山、西谷など五つの遺跡から発見されている。またこれらの遺跡を含めて、後期旧石器時代の石器は地点まで考慮すると約一〇カ所近くの遺跡で見つかっている。遺跡の多くは、標高が約三〇～一六六メートルの範囲に位置し、当時としては高くて見晴らしの良い場所が、遺跡として現在残っているわけである。当然、低地でも活動していたことは明らかであるが、現在それらの多くは海面下に没している。

後期旧石器時代の終末ごろには、「細石刃」という、もう一つの代表的な石器が登場する。細石刃は、長さ二～三センチメートル、幅三～五ミリメートルのきわめて小さな石器であり、単独では使用されず、組み合わせ道具として木や骨の軸に複数枚を埋め込んで使用された（図3）。細石刃一枚一枚の両側縁は、カミソリの刃のように鋭く、それらが何枚もつながると刃渡りがそれだけ長くなり、現代の庖丁などと比べても見劣りのしない刃物となる。細石刃は瀬戸内地域において数多くの遺跡から発見されており、ちなみに吉井川河口から南南東約七キロメートルの沖合に所在する地竹ノ子島や沖竹ノ子島で、この石器が採集されている。石材はサヌカイト製、あるいはハリ質安山岩である。下流域の旧石器時代を概観してきたが、とくに後期旧石器時代には人々がほぼ断絶することなく、この地域で生活していたことが理解されよう。

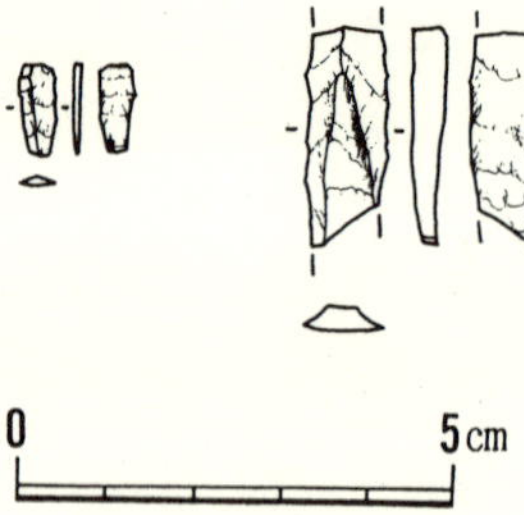

図3　細石刃　岡山市地竹ノ子島
第1地点採集
出典：文献3を一部改変

縄文時代

縄文時代は、日本史上、旧石器時代と弥生時代の間に位置する時代として知られている。縄文時代というと、我々には縄文土器がまず連想される。土器はこわれやすく、製作される回数は多い。さらに製作に際しては、粘土という可塑性に富んだ素材のために、かたち、文様や装飾（飾り立て）に関して自由度が高い。これらのことから、縄文土器のかたち、文様、装飾などは一定の時期、地域で特徴がみられ、さらにはやり、すたれ、つまり変化、流行がみられる。このようにある時期における一つの地域の特徴となる土器の組合わせ、まとまりを「土器型式」と言う。また「土器文化圏」という語からも理解されるごとく、一つの型式は同一の土器群を製作し使用する共通の情報でネットワーク化された集団の範囲を意味する。個々の型式名は最初にそれが確立された遺跡を記念し、その名称をとって命名されている。現在では日本列島全域で、この土器型式を地域と時代順に並べたカタログが蓄積されており、土器相互の新旧判定が可能になっている。一方、C14法によって、縄文時代の開始は今から約一万三〇〇〇年前、その終了は約二四〇〇ないし二三〇〇年前であり、同時代は約一万年間続いた時代であることが判明している。この約一万年間の縄文時代は、土器型式を中心にして、草創期、早期、前期、中期、後期、晩期の六つの時期に区分が施されている（表2）。

吉井川水系全体では、約八五カ所の遺跡が報告され、そのうち下流域に約一六カ所の遺跡が存在する（図4）。現時点では、上流域に遺跡の多くが集中していることになる。以下、時期ごとにみてみよう。

年　　代	時代と時期	
（年前）	旧石器時代	
13,000	草創期	縄文時代
10,000	早　期	縄文時代
6,000	前　期	縄文時代
5,000	中　期	縄文時代
4,000	後　期	縄文時代
3,000	晩　期	縄文時代
2,400	弥生時代	

表2　縄文時代の時期区分

草創期

この時期は縄文時代の萌芽期であり、また長く続いたウルム氷期が終わりに向かう時期でもあり、晩氷期ともよばれている。海面は、現海水準より約三〇～四〇メートル低下したところまで回復していた。日本列島周辺では、対馬海峡からの暖流が日本海へ流入を開始する時期であり、日本海側の地域では、以降、多雪に見舞われるようになった。太平洋側では、それまで四国沖にあった黒潮前線が北上を開始した。海流は海洋生態系のみならず、陸地部の植物相や動物相にも大きな影響をおよぼす。それまでの乾燥した気候のもとでの草原が後退し、クリ、ブナ、ナラなどの温帯落葉広葉樹林が発達してきたのである。植物相の変化とともに、動物相ではナウマン象などの大型獣類が絶滅し、ニホンジカ、イノシシなどの獣類が出現する。しかし、瀬戸内海はいまだ成立していない。

このように大きく環境が変化していくなかで、土器が列島に初めて登場する。土器を知らなかった時代と比べると、いったんそれを知った人々の生活は一変したに違いない。なぜか。それは今までかたく、あるいはしぶくて食べられなかったものを煮ることによってやわらかくしたり、アクを抜くことが可能になり、さらに煮沸による殺菌や消毒までおこなえるようになったのである。また、重くてかさばる、そして割れやすい土器をたずさえての頻繁な移動生活は無理になる。それゆえに土器の使用によって、人々が一定の場所に定住するようになったこと、彼らの食料選択範囲が拡大したこと、その調理方法が変化したことなどは当時の人々の暮らしぶり―生活様式にきわめて大きな変化をもたらしたのである。最近では、シベリア、とくにアムール川下流域や、長江流域、あるいはそれより南の地域で、この時期の土器が発見されつつある。土器製作技術が列島内で発明されたのか、列島の周辺地域から伝わったのかは、現時点で定

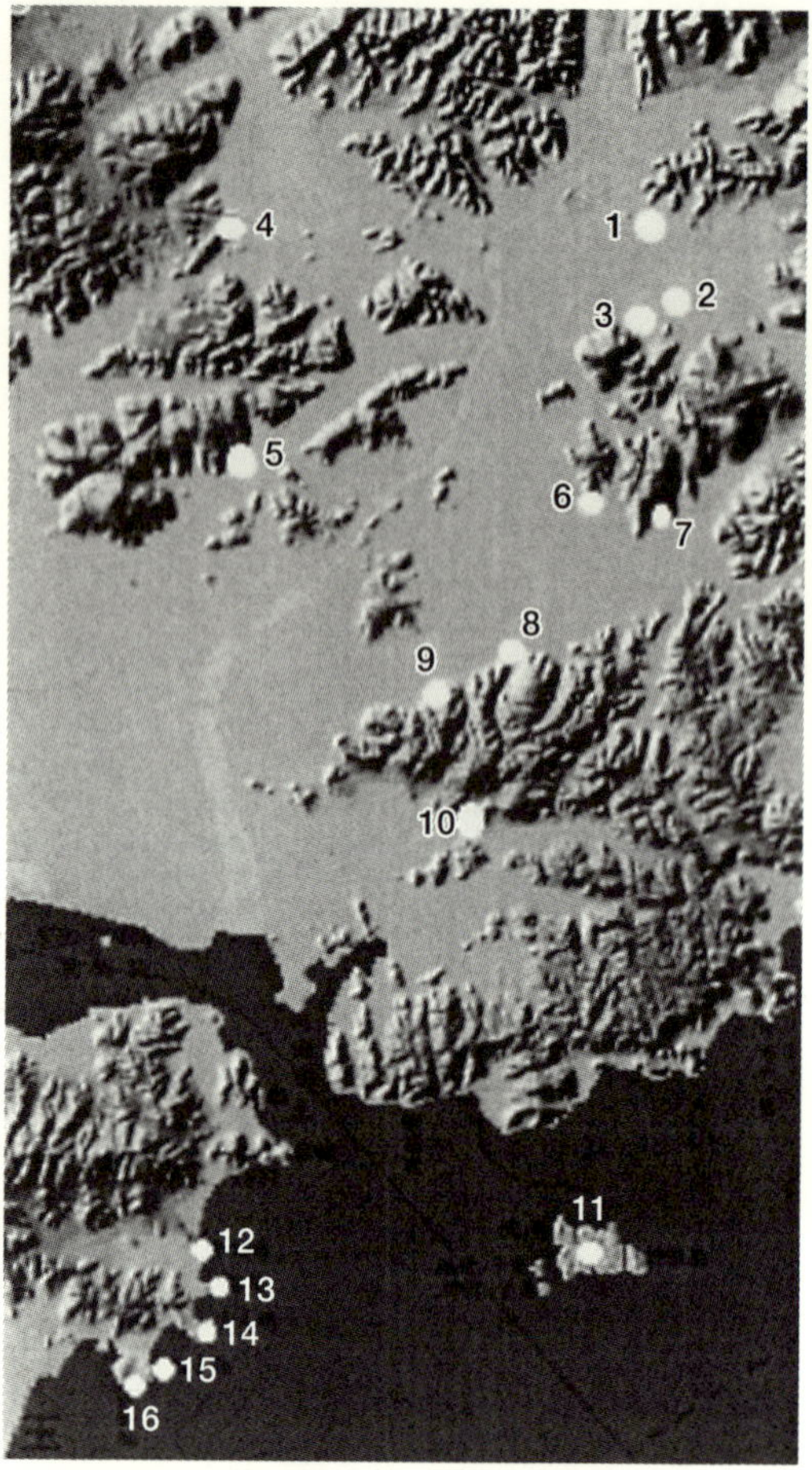

図4　吉井川下流域の縄文時代遺跡
1.丸山遺跡　2.福里遺跡　3.土師遺跡　4.沼貝塚　5.竹原貝塚　6.宮下貝塚　7.真徳貝塚　8.大橋貝塚　9.岩神貝塚　10.黒和貝塚　11.犬島　12.弁天崎遺跡　13.鉾島遺跡　14.大入崎遺跡　15.坊子島遺跡　16.波張崎遺跡

かではない。草創期の列島で見られる土器には、無文や、細い粘土ヒモを土器に貼り付けた隆線文、爪形文、多縄文、円孔文などの文様が施されているものなどがあり、底部は丸底や平底となる。いずれにしても草創期から今日まで土器の製作と使用が連綿と続いているわけである。

草創期の遺跡は全国で約二〇〇カ所以上を数えるが、この時期の土器は、吉井川下流域のみならず、県内全域でも見つかっていない。しかし、当時の人々が用いた他の道具―石器が発見されており、人々が暮らしていた場所―遺跡は県内で二〇カ所を超えている。石器としては、長野県神子柴遺跡で最初に発見されたことにちなんで命名された神子柴型石斧や、投げ槍のように使用されたと考えられている有舌尖頭器（図5）などが、吉井川上流の加茂町領家遺跡や、津山市草加部稲荷遺跡などで発見されている。吉井川下流域では、岡山市百枝月西畑遺跡から、有舌尖頭器かと考えられる石器が採集されている。

早期

この時期は縄文時代の形成期に相当し、貝塚が出現する時期でもある。一方、地質学的にみれば早期以降、現代までの期間は完新世（沖積世）とよばれる時代に所属することになる。気候はますます温暖化、湿潤化の一途をたどった。対馬、宗谷の両海峡が成立し、日本列島は島嶼化した。さらに約八〇〇〇年前には対馬暖流が本格的に流入を開始するとともに、水温は摂氏六～七度も上昇し、日本海の

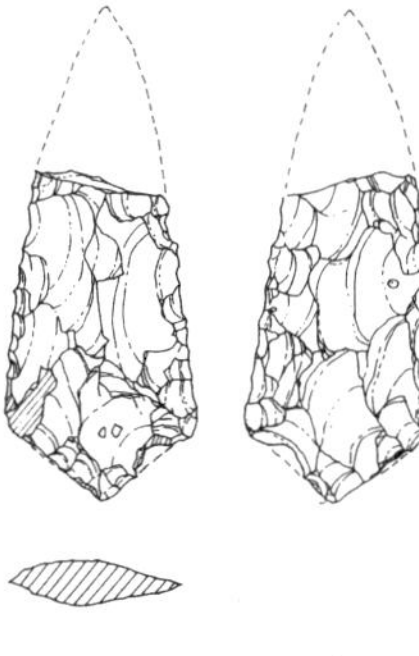

図5　有舌尖頭器（約1/4）
津山市草加部稲荷遺跡出土
出典：文献4を一部改変

海況は現在の状況に近づいたとされている。植生では、約一万～九〇〇〇年前の間の西日本～関東地方にかけてはコナラ、クマシデ属の落葉広葉樹林が、中部山地～東北地方ではブナ属、コナラ亜属の林が、北海道ではカバノキ、ハンノキ属の林が発達した。八〇〇〇年前以降の西日本～関東地方は照葉樹林、中部山地～東北地方は以前と同じブナ属、コナラ亜属の林が、北海道ではコナラ亜属の林が形成されつつあった。

ところで、海面の上昇は早期に入ってもなお続き、次の時期である前期に向かって、一〇〇年間に一メートル以上の速度で海面高度を増加させた。そのために約七〇〇〇～八〇〇〇年前の瀬戸内海沿岸地域には、海水準の上昇にともなって海水が流入してきた。瀬戸内海の誕生である。河口に位置する邑久町では、早くも約九〇〇〇年前には海が入ってきたことを示す粘土層が存在しているという。このような環境のもとで、瀬戸内沿岸部の縄文時代早期の人々は、身近なものとなった海や内水面の資源を積極的に活用し始めた。県内において早期の遺跡は、瀬戸内海の島嶼部や半島、そして県北部の丘陵地帯などで計約一二〇カ所以上の遺跡が報告されている。吉井川下流域では、児島半島東南部の弁天崎、大入崎、波張崎など約六カ所の遺跡をはじめ、児島半島から約六・五キロメートル東に位置する犬島などの遺跡がある。児島半島東南部の遺跡や犬島は、いずれも当時の吉井川の河口にかなり近いところに存在していたことになる。県内の他の早期に属する遺跡としては、犬島から約一〇キロメートル北北東に所在する邑久郡内の牛窓町黄島貝塚や、黒島貝塚が著名である。黄島貝塚では、下層がヤマトシジミを中心とした貝層であり、上層はハイガイが顕著となることが知られている。ヤマトシジミは、河口付近などの海水と淡水が混じるところで生息し、ハイガイは海水で生息する貝である。これら二種の貝類の生息環境から黄島貝塚が成立する過程で、ゆっくりとしかし確実に周辺域に海水が浸入してきたことが把握される。黄島貝塚出土のハイガイによるC14年代では、紀元前六四四三＋一三五〇年という測定値が公表されている。早期の土器の特徴的な文様は押型文とよばれ、笹や木などの細い棒状のものに、楕円や山形などのかたちを彫刻し、それを焼成前のやわらかい土器表面に押し付けながら、回転することによって施された文様である（図6）。この文様が施された土器の底部はとがったものになっている。当時の人々の住まいが、上流の津山市太田西奥田遺跡や、鏡野町竹田遺跡で検出されている（図7）。

前期

この時期が他の時期と区別される大きな特色は、まず「縄文海進」であろう。海進とは、海が内陸部へ前進していく現象である。早期以来、気温も高くなり、世界的に海面は上昇を続けていたが、前期、とくに約六千年前にそのピークに達した。当該期は、ヒプシ・サーマル期とよばれ、気温は現在より約二度高く、現海水準よりも約二～三メートルも海面が上昇したところもあった。そのために地域によっては、前早期の遺跡が水没したところもある。長船町では、前述した邑久町の海進から約二〇〇〇年後の七〇〇〇年前ころから海が入ってきたことがわかっている。植生では気温の上昇とともに、照葉樹林が北上を開始し、岡山県を含む瀬戸内地域もこの時期には照葉樹林帯に入っている。長船町福岡付近で、吉井川の川床から前期末から中期初頭あたりに生育していたケヤキなどの大木が平成二一～二三年にかけて発見された（写

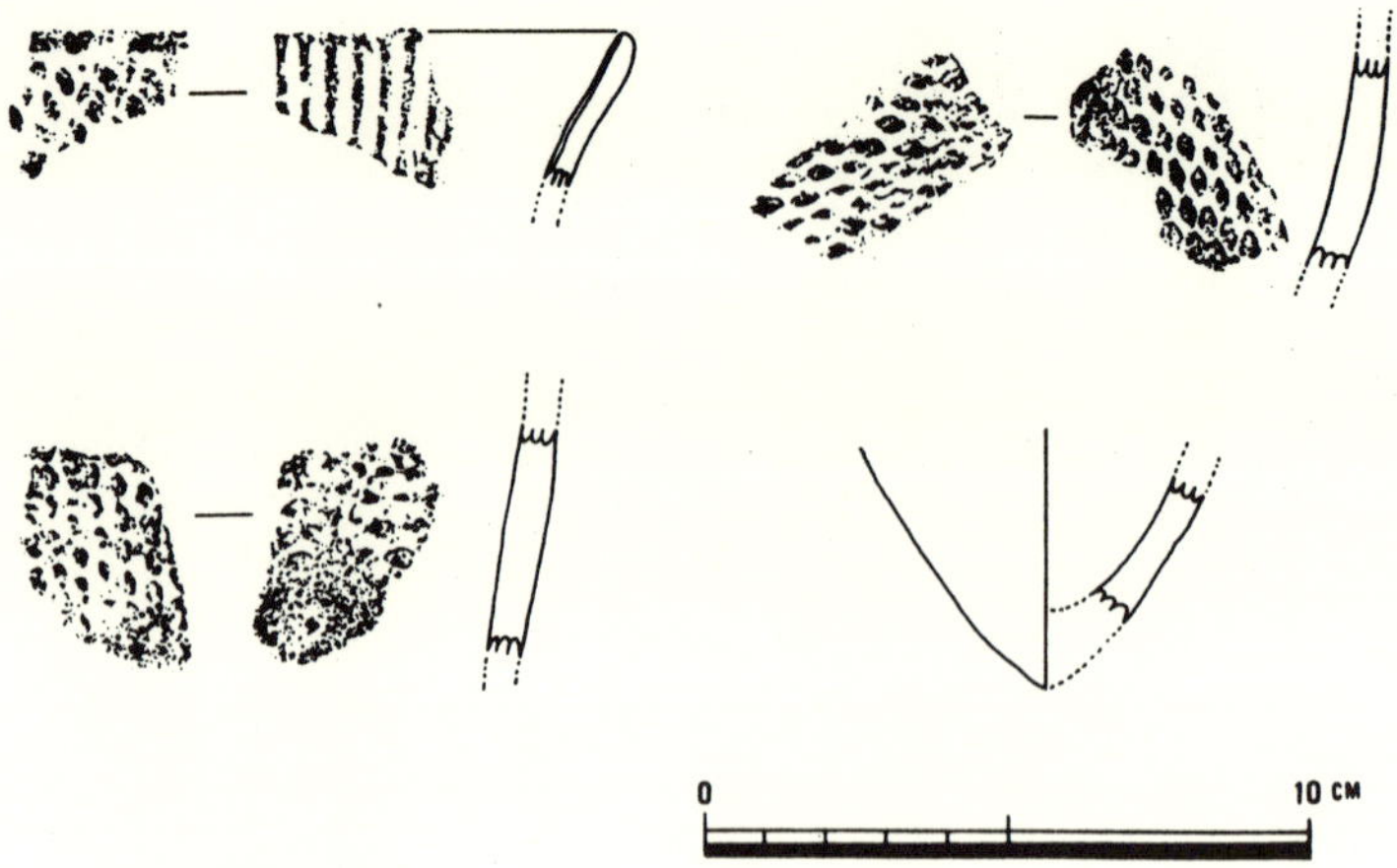

図 6　縄文早期の土器
玉野市波張崎遺跡出土　　出典：文献 5 を一部改変

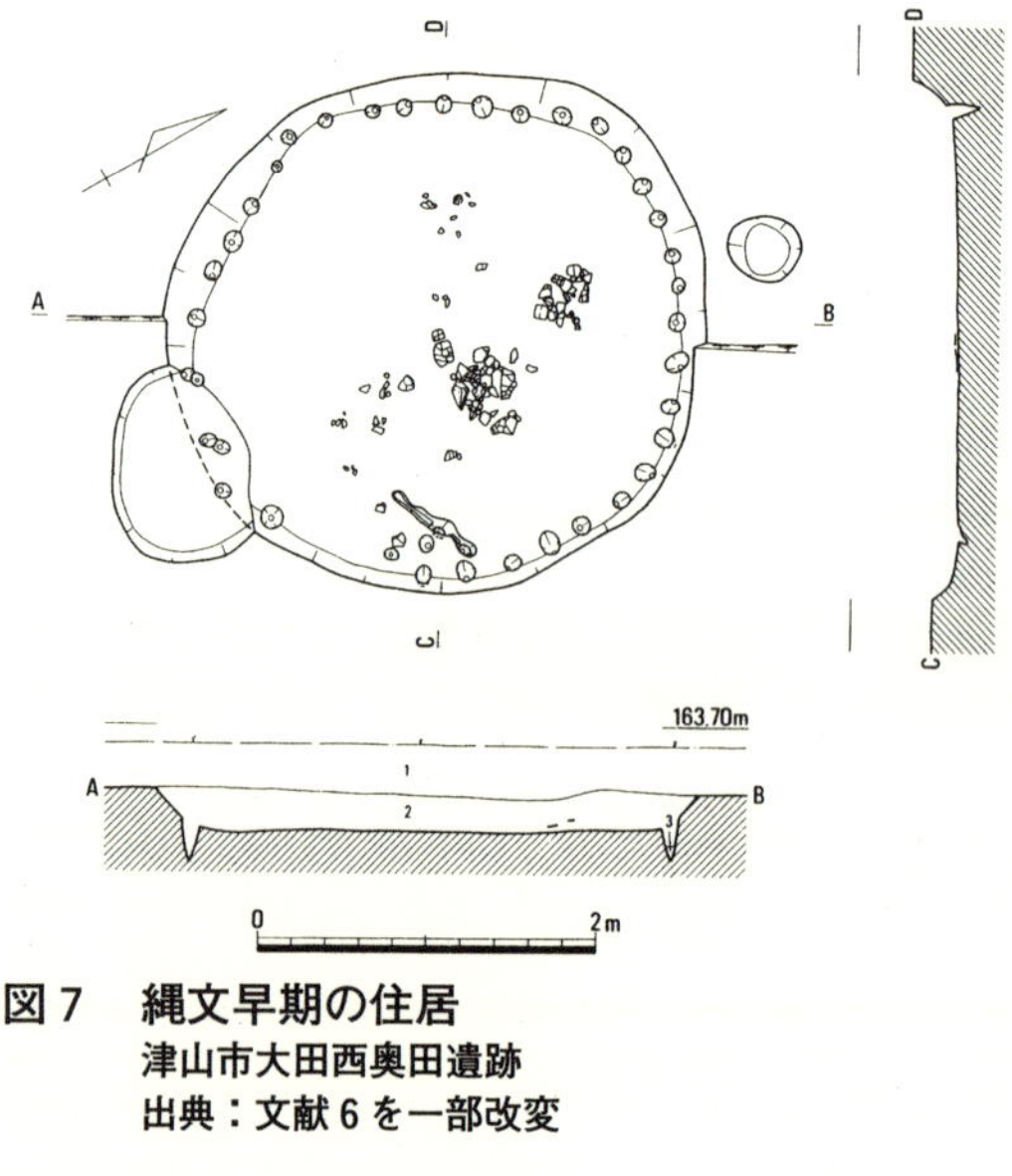

図 7　縄文早期の住居
津山市大田西奥田遺跡
出典：文献 6 を一部改変

真2）。C14年代測定によると、この大木は四九二〇±八五年B.P.（B.P.は、国際物理年、つまりAD一九五〇年）である。前期のもう一つの特色として、イネ、キビ、ヒエ、ヒョウタンなどの植物栽培と、クリ、ウルシ林など樹木の管理がおこなわれるようになってきたことである。これらの事実はプラント・オパール分析法やDNA分析法によってその実態が明らかになりつつある（写真3）。

県内全域で約七〇カ所前後の前期の遺跡が報告されている。下流域の岡山市では沼貝塚、そして邑久町では大橋貝塚や宮下貝塚が出現し、大橋貝塚は後期まで営まれた。前二者の貝塚はヤマトシジミを主体とする貝塚であり、大橋貝塚ではシカやイノシシなどの獣骨も検出され、狩猟もおこなわれていたことがわかる。また大橋貝塚からはイヌの骨が出土しており、当時の飼い犬として興味深い。ところで大橋貝塚の貝層標高は約一メートルと、極めて低く、縄文海進では水没しても当然であるところに立地している。さらにヤマトシジミが顕著であるゆえに、汽水域の近辺にこの貝塚を営んだ人々が居住していたことが推察される。当時の人々は、沿岸域に積極的に進出して居住したと考えられ、貝塚の規模も早期に比べると規模が大きくなっている。前期に使用された土器（図8）として、前半では「羽島下

写真2　吉井川河床より発見された縄文時代の樹木

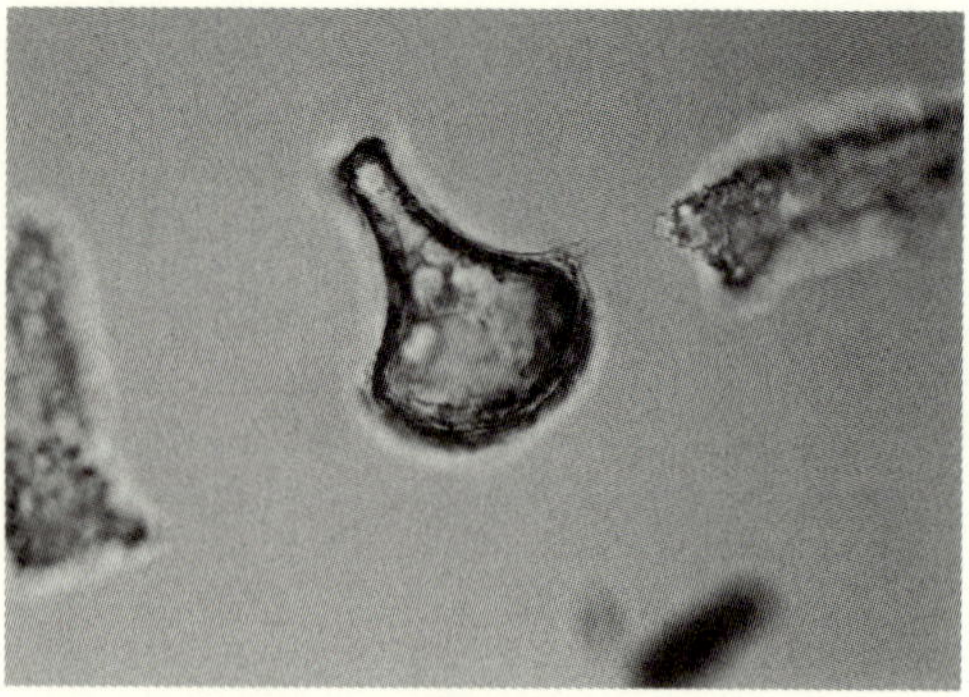

写真3　前期のイネ機動細胞プラント・オパール
岡山市朝寝鼻貝塚第10層検出（約1300×）

層式」と呼ばれる爪形文と貝殻条痕文の文様を持つ土器がある。後半には、爪形文と撚紐を押圧回転させた縄文の文様構成をとる「磯の森式」と命名されている土器が流行し、これに「彦崎ＺⅠ式」とよばれる棒状工具による押し引きの文様のみで、縄文を持たない土器が続く。

中期

東日本、とくに関東～東北地方の太平洋沿岸に大規模な貝塚とムラが営まれた時期であり、縄文時代も最盛期を迎えた時期でもある。岡山県内全域では、約六五を超す遺跡が報告されている。そのうち吉井川下流域では、大橋貝塚が前期より継続するが、他の遺跡の報告例が無く、上流域でも同様である。一方、県西南部の倉敷市やその近辺では、里木、船元、中津貝塚など著名な貝塚が、前の時代から格段に規模を大きくしながら継続して営まれたり、あるいは中期からあらたに出現するようになる。人口の増加が大きな一因となっていることであろう。大橋貝塚では、この時期に仰臥伸展位の埋葬女性人骨が発見されている。住居の発見例はきわめて少ないが、備前市長縄手遺跡から中期末の住居跡が三軒検出されている。中期の土器は、前半に粗い縄文を土器表面に回転させた「船元式」とよばれる土器が流行していた。この土器の流通範囲は、中部地方～北部九州に及んでいる。後半は、「里木Ⅱ式」の土器が現れる。この土器の文様は、地文の撚糸文に沈線による渦文が施されている。渦文は、宮城県大木囲貝塚を標識遺跡とする「大木式」土器が発祥の源であるとされている。したがって、中期になると日本列島内で、より広範囲に各地域間の情報伝達、つまり交流があったことが理解されよう。

後期

気候の寒冷化が進行し、海水準の低下による陸地部の拡大があった時期である。東日本、とくに東北地方〜北海道にかけては、環状列石と呼ばれる円弧状に大小の石を配した墓や、大きな規模を持つ祭祀場が出現する。さらに石刀、土製仮面などの呪術的な遺物が出現するのもこの時期である。後期に製作使用された土器（図9）は、「磨消縄文」といわれる文様で、地文の縄文を沈線で区画し、その区画以外の地文の部分を磨り消すことで文様としたものである。この手法は、岡山県内のみならず、全国的に流行した。県内の後期初頭に「中津式」とよばれる土器が登場し、「福田KⅡ式」、つまり三本沈線を描いて、その内側に縄文を有する土器が続く。この土器は、近畿、四国、山陰そして九州にも広範囲に分布している。口縁部が肥厚した「縁帯文」と呼

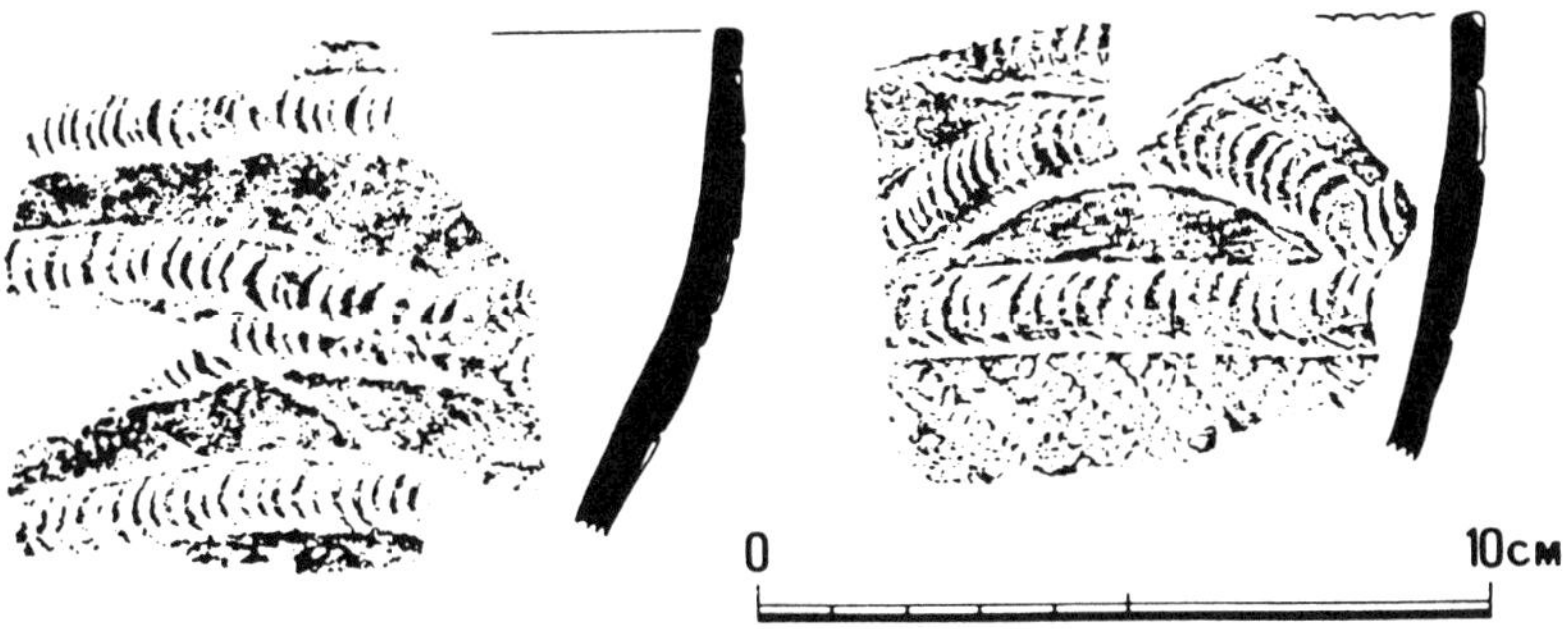

図8　縄文前期の土器
邑久町大橋貝塚貝層出土　出典：文献7を一部改変

ばれている土器群も出現する。「津雲Ａ式」、「彦崎ＫⅠ式」、「彦崎ＫⅡ式」などの土器である。後期の土器型式名がつけられた標識遺跡は、いずれも瀬戸内沿岸部に位置する貝塚である。岡山県内では約一三四ヵ所以上の遺跡が報告されている。吉井川下流域では、岡山市の黒和貝塚や竹原貝塚など学史に名の知れた遺跡が存在する。昭和二五年、木村幹夫によって調査された黒和貝塚では、黒色有機土層から無文条痕文、中津式、津雲Ａ式などの土器片が出土し、貝層は約二メートルの厚さであったようである。前期の沼貝塚から四キロメートル南に位置する竹原貝塚は、昭和二九年に木村幹夫、同三一年に倉敷考古館によって調査された。貝層の主体をなすのはヤマトシジミであり、僅かにカキ・ハイガイ、他にハマグリ、ヘナタリがある。土器では条痕文土器や彦崎ＫⅡとよばれる土器が出土している。上流域の最近調査された奥津町夏栗遺跡では、後期の「落とし穴」が三基みつかっている。

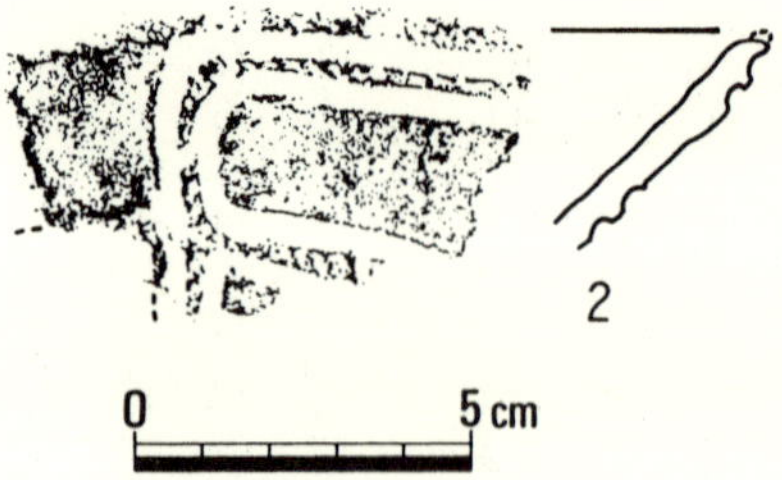

図９　縄文後期の土器
長船町丸山遺跡出土
出典：文献８を一部改変

　吉井川と水系は異なるが、岡山市百間川遺跡群や総社市南溝手遺跡、岡山市津島岡大遺跡など面的に広く発掘調査されている遺跡で、人々の生活活動の痕跡が発見されている。このことから平野部にも人々が積極的に進出していることや、とくに平野のなかでも微高地に居住の拠点を構えていたことが把握され、彼らの生活状況も解明されつつある。百間川沢田遺跡や津島岡大遺跡では、当時の人々がドングリなどの堅果類のアク抜きや貯蔵の目的で地面に掘った穴がみつかっており、さらに前者では、火を焚いたあとも検出されている。県内ではイネ籾殻の痕跡を持つ「籾痕土器」が、総社市南溝手遺跡や倉敷市福田貝塚から検出されている。さらに、南溝手遺跡や津島岡大遺跡において、土器胎土中からイネのプラント・オパールが発見されている。後期の段階でイネ栽培は、岡山県はもとより列島内でかなり広範囲におこなわれていたことが想定される。県内のイネ以外の穀物栽培では、モロコシが南溝手遺跡や、津島岡大遺跡で確認されている。

晩期

縄文時代最後の時期であり、西日本では、概して「黒色磨研土器」が製作使用された。東日本では東北地方を中心に装飾の華麗さで知名度の高い土器、いわゆる「亀ヶ岡式土器」を生み出した「亀ヶ岡文化」が発達し、この段階で縄文文化は頂点に達したともいわれている。県内でこの時期の報告されている遺跡数は約一一〇以上である。そのうち県南部には約七〇パーセントの遺跡が集中する。県内で、当時の人々が用いた土器には、「黒土BⅠ式」、「原下層式」と呼ばれる土器がある。前者は、全面あるいは肩から下に二枚貝による条痕が施される深鉢形の粗製土器と、浅鉢形の精製土器で構成される。後者の土器には、その口縁端の肥厚帯に刻み目を入れ、頸部は山形を三条の沈線によって描き、その下方に爪形文を配する粗製深鉢形土器などがある。これらの土器を装備した人々は、コメ作りなどの植物栽培技術を沿岸部から内陸部へと、ますます拡大していった。晩期に所属する吉井川下流域の遺跡数は、旭川下流域以西の他の遺跡群や百間川遺跡群などと比較すると意外に少ない。長船町福里、土師遺跡で、この時期の土器片が出土している。上流域の奥津町久田原遺跡では、竪穴住居三棟と数基の貯蔵穴が検出されている。

まとめにかえて

旧石器時代では、中期旧石器時代の遺跡が確認されていない。これは県内全域を通じてもいえることではあるが、当該域に前期旧石器時代に所属する遺跡が存在しており、中期旧石器が将来発見される可能性はあろう。下流域で発見されている後期旧石器時代の遺跡が立地するところは丘陵上、あるいは低い山塊の裾部である。後期旧石器時代の石器に使用されている岩石は、サヌカイトが主流を占め、これに若干のハリ質安山岩がともなっている。

縄文時代全体を通して、陸部の丘陵上に位置する遺跡がほとんど見あたらない。このことは当時の人々が積極的に丘陵を生活の拠点にしなかったことを意味する。なぜか。この地域の丘陵は衛星写真を見るまでもなく、面積のせまい、いわゆるやせ尾根状を呈する丘陵が多いことに起因しているのではなかろうか。そこでは居住地として、あるいは最近問題になっている農耕、焼畑農耕などの場としての利用価値は少なかったと考えたい。早期の遺跡が存在するところは、児島半島東南部や、それより東の島嶼部、つまり当時の河口近くの汽水域に集中していることは興味深い。それより奥の地域にも居住区は存在したと考えられるが、その後の海進、そして河川の作用などで消滅したのであろう。前期の人々は、大橋貝塚や沼貝塚、宮下貝塚の場所が示すごとく、現在の海岸線からかなり内陸部に入ったところで、縄文海進によってつくられた、内海や入り江というより、小さな岬と岬の間のきわめて狭い水域に面したところを活動の拠点としていたと考えられる。海進がその後おさまり、海退へ向かう時期には、海であったところは陸化し、河川の作用で土砂が堆積し、土地面積が低地部で拡大するというのが通説である。それにもかかわらず次の時期である中期の遺跡は少ない。なぜか。おそらく当時の吉井川は、この地域で海退と並行して、順調に沖積作用をおこない平野部を形成していったとは考えにくい。むしろ吉井川は、安定しない自然堤防や、頻繁にすがたを変化させる砂州状の地形を主に形成しつつあったと考えたい。それゆえに不安定な場所に居住することは、今も昔も当然リスクをともなう。居住していたとしても、このたぐいの地形特有の崩壊が、当時そして後世に何度か発生し、遺跡がそのために埋没してしまった可能性を指摘したい。後期の遺跡は黒和貝塚、丸山遺跡、真徳貝塚Bなど、丘陵と低地部が接するところ、あるいはその付近で発見されている。これらの立地条件から判断して、将来さらにあらたな遺跡が発見される可能性もあろう。当該域の晩期の資料からの情報量はきわめて僅少であり、今後の資料の増加を待ちたい。

［主な参考文献］（五十音順）
阿部芳郎・山本悦世他「津島岡大遺跡　四—第五次調査—」『岡山大学構内発掘調査報告』第七冊　岡山大学埋蔵文化財調査研究センター（一九九四年）
池田　浩・大谷博志『服部廃寺』（長船町埋蔵文化財発掘調査報告　二）岡山県長船町教育委員会（一九九七年）
大場忠道「日本列島周辺の海流変遷—海底コアからみた過去三万年間の海流分布」『変化する日本の海岸　最終氷期から現在まで』古今書院（一九九六年）
鎌木義昌「備前黄島貝塚の研究」『吉備考古』第七七号　吉備考古学会（一九四九年）

亀山行雄「岡山県備前市長縄手遺跡」『日本考古学年報』四六　日本考古学協会（一九九五年）
木村幹夫「上道町の原始・古代」『上道町史』岡山市役所（一九七三年）
木村幹夫「岡山県邑久郡黒和遺跡発掘略報」『吉備考古』第八七号　吉備考古学会（一九五三年）
木村幹夫「岡山県邑久郡豊原貝塚について―特にその土器を中心に―」『吉備考古』第九〇号　吉備考古学会（一九五五年）
小林博昭・白石純「最古の狩人の時代から土器を携えた人々の時代へ」『牛窓町史』通史編　牛窓町史編纂委員会　牛窓町（二〇〇一年）
小林博昭「第一節　１　最古のハンターたち　２　縄文時代―土器を使いはじめた人々―」『長船町史』通史編　長船町史編纂委員会　長船町（二〇〇一年）
近藤義郎「黒島貝塚」『岡山県史』第一八巻　考古資料　岡山県（一九八六年）
高橋　学「第一章　地域の外観」『長船町史』通史編　長船町史編纂委員会　長船町（二〇〇一年）
那須孝悌「先土器時代の環境」『岩波講座　日本考古学』２　人間と環境　岩波書店（一九八五年）
文化庁（編）『発掘された日本列島』２００４　新発見考古速報　朝日新聞社（二〇〇四年）

［引用挿図　出典一覧］
１．高橋　護「旭東丘陵の珪岩石器」『岡山理科大学蒜山研究所研究報告』第四・五号　岡山理科大学（一九八〇年）
２．福田正継・平井　勝他『西谷遺跡―昭和五八年度圃場整備事業に伴う発掘調査―』岡山県長船町教育委員会（一九八五年）

3．白石　純・小野　伸他「岡山市犬島採集の旧石器」『古代吉備』第一九集　古代吉備研究会（一九九七年）
4．中山俊紀・保田義治『小原Ｂ・稲荷遺跡』（津山市埋蔵文化財発掘調査報告　第三五集）津山市教育委員会（一九九〇年）
5．岡本寛久・平井　勝『常山城跡　波張崎遺跡』（玉野市埋蔵文化財発掘調査報告（1））岡山県玉野市教育委員会（一九八〇年）
6．岡本寛久・佐藤寛介『太田西奥田遺跡』（岡山県埋蔵文化財発掘調査報告　一二九）岡山県教育委員会（一九九八年）
7．岡本寛久・池田次郎他『岡山県邑久郡邑久町　大橋貝塚発掘調査報告書―長谷川県営砂防工事に伴う調査―』邑久町教育委員会（一九七九年）
8．杉山一雄「丸山遺跡」『長船町史』資料編（上）長船町史編纂委員会　長船町（一九九八年）

五　吉井川の高瀬舟

川を上下した高瀬舟

岡山県下の三大河川である吉井川・旭川・高梁川には、かつて高瀬舟が就航していた。この高瀬舟は、河川が流通経路として重要な役割を果たしていた時期の輸送機関の主役であった。しかし、陸上輸送機関が発達した現在のわが国では、流通経路や輸送機関としての河川や高瀬舟はもはや忘れ去られた存在となっている。

高瀬舟の呼び名は、川の浅瀬（高瀬）を自在に通行できること、および船底が深く背の高い船であることからきている。岡山県下の高瀬舟の構造は、地域および河川の上流・中流・下流によっても大きさはことなるが、およそ全長約一五メートル、幅約二メートルの杉・松材の薄い板を組み合わせた木造船で、船底の平らな、波を押しのけるのに有効な構造とされるへさきが高くせりあがった独特の形をしていた（図1）。もちろん河川の状況や水量の多少によって異なるが、平均で下りは約六トン（馬に換算すると約四十頭分、米だと約八〇～百俵分）を、上りは約一トンを積んだ。県下の河川での運航は、下り一～二日、上り三～四日の上下約一週間を要した。重量貨物を陸送した場合にかかる牛馬や人の数それに所要日数などを考えると、乗組員三～四人での運航であった高瀬舟の輸送能力は高く、きわめて有利な輸送機関であったといえるのである。

角倉了以と吉井川の高瀬舟

京都・保津川の川下りは、山陰線のトロッコ列車運行との連携もあって、近年とくに人気の高い観光ルートとなっている。この保津川の開発を手がけたのは、朱印船貿易や河川開発事業で著名な京都の豪商角倉了以である。ところで、この保津川川くだりのルーツは、吉井川の高瀬舟である。このことは京都嵯峨野の大悲閣に立つ角倉了以翁碑に、「慶長九年甲辰、了以往作州和計河、見艜船以為、凡百川皆可以通舟、乃帰嵯峨泝大井川至丹波保津、見其路自謂雖多湍石、而可行舟」と刻まれていることからわかる。これによると、了以は一六〇四年（慶長九）に美作にやってきて吉井川を盛んに上下する高瀬舟を見て、船路の開発を行えばどの河川においても舟を通ずることが可能と思い立ち、まず保津川（大井川）の船路を開発したというのである。そして、了以はその後富士川や天竜川の船路開発もてがけて、内陸部の物資を海港に運び出すことに成功している。このことからしてもわかるように、吉井川の高瀬舟はわが国河川交通の先駆けの役割をはたしたといえるのである。

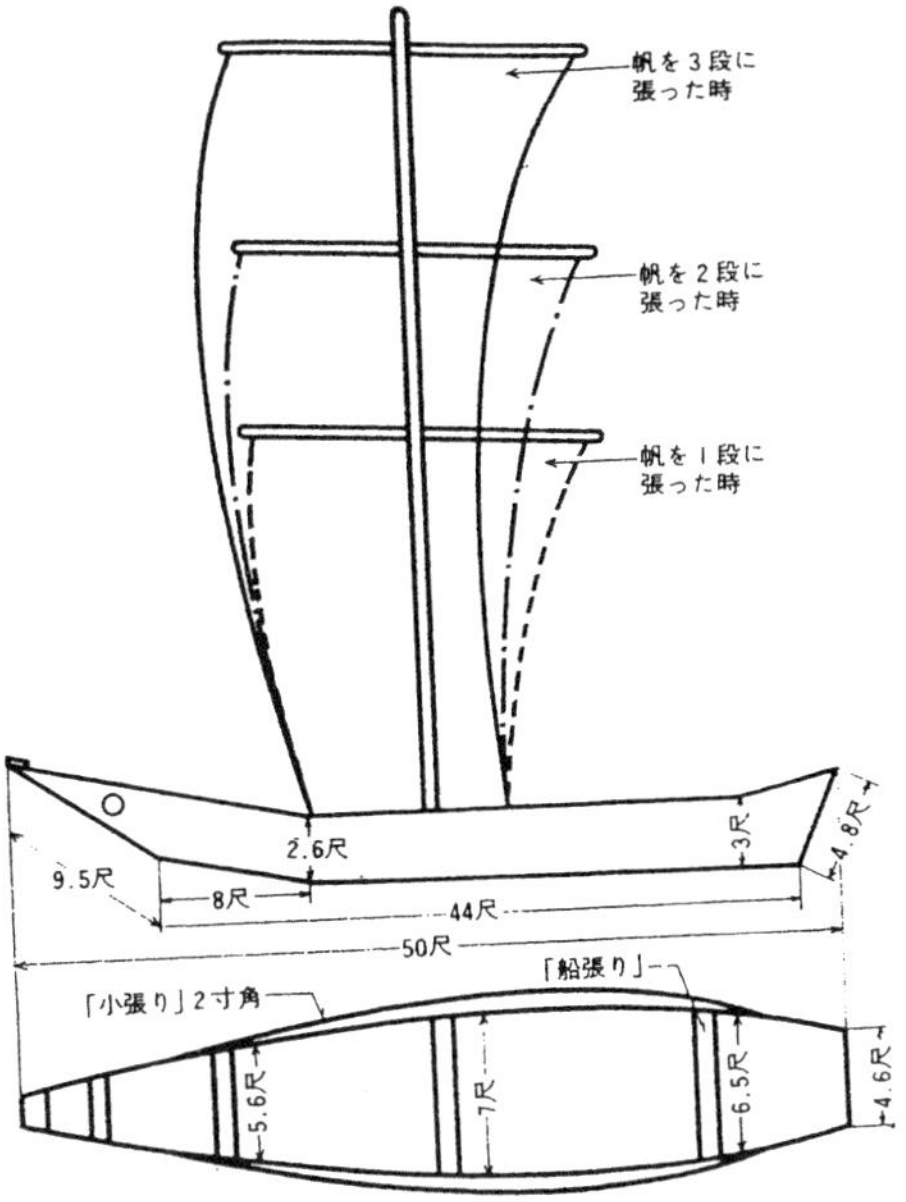

図1　高瀬舟構造図
（今井三郎『高瀬舟』より転載）

高瀬舟の通航開始

高瀬舟についての文献資料上の初見は、全国的には『三代実録』の八八六年（元慶八）九月十六日の条である。それによると、近江・丹波両国でそれぞれ高瀬舟を三艘造っているとある。また、同様に岡山県内での初見は、室町末の天文年間（一五三二～五四年）に高梁川を通航しているという記事が、総社の湛井堰をめぐる争論文書にみえている[1]。

また、文献以外の資料では、高梁川の支流成羽川にある国指定史跡・笠神の文字岩が著名である。これは新成羽川ダム建設の際にも撤去されず、いつもはダム堰堤下の川中に水没はしているものの現存している（岩および碑文等は川岸の道路端に設置された笠神文字岩展望公園に復元されている）。この大岩には、鎌倉時代の一三〇七年（徳治二）に大勧進に成羽善養寺の尊海、奉行に奈良西大寺の実尊、根本発起人四郎兵衛、石切大工伊行経の手によって船路が開発されたとの文字が刻まれている。この船路開発の目的は、中国山地で生産される鉄の輸送に川を利用するためであった。これらのことやそれぞれの川の傾斜度などの条件を考えると、岡山県下では江戸時代以前までには、吉井川では津山・林野まで、旭川では勝山まで、高梁川では高梁・成羽までがすでに通航していたと推測さ

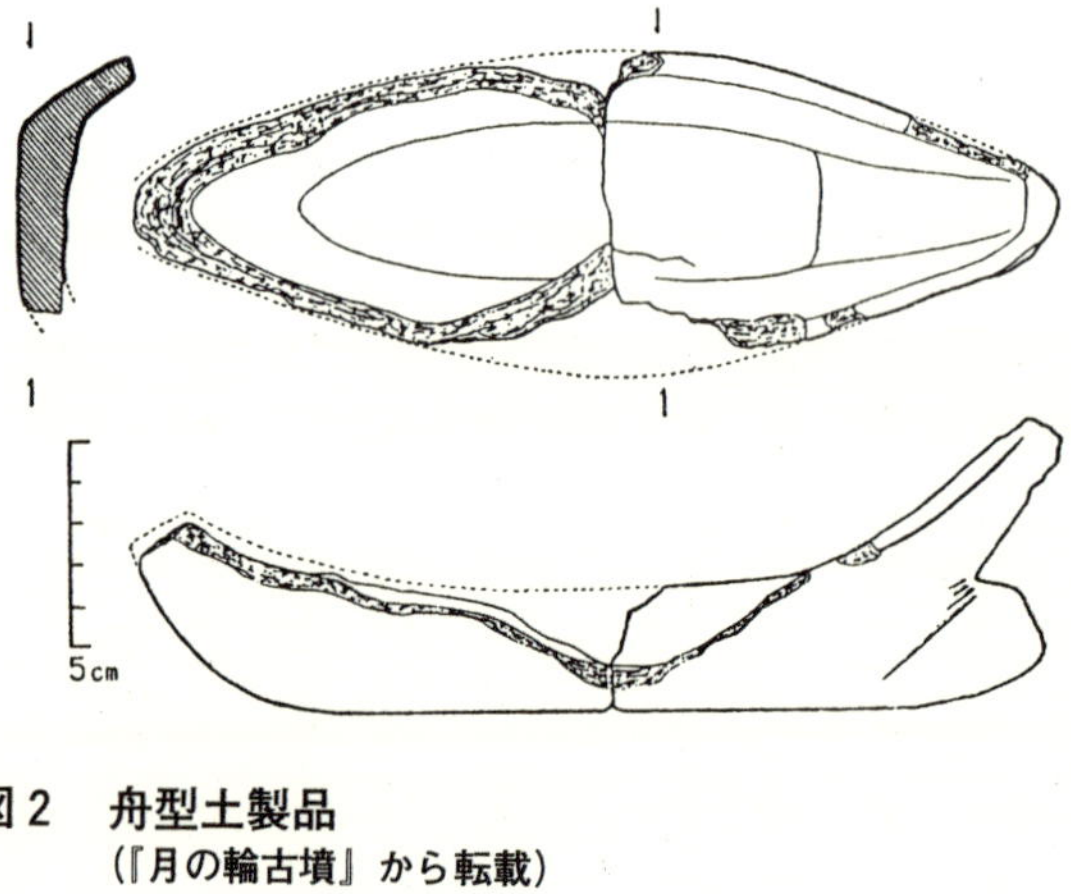

図２　舟型土製品
（『月の輪古墳』から転載）

れている。

ところで、これらの資料などとは別に、遺跡から発掘された高瀬舟通航の事例をものがたる出土資料がある。まず、吉井川と吉野川とが合流する地点にある久米郡柵原町の月の輪古墳（四世紀末）から、数々の出土品に混じって船型土製品が出土している（図2）。その構造は、船底が平らで、へさきが高くせりあがっていることから、高瀬舟独特の姿をうかがうことができる。ただし、舵と思われる構造も見られ、ただちに高瀬舟とはいえない部分も残っている。この月の輪の船型土製品は、今から少なくとも約千数百年前ごろには川に船が通航していたことを推測させ、吉井川の高瀬舟の歴史がかなりさかのぼることを示しているといえるのである。さらに旭川では、岡山市原尾島遺跡（六世紀ごろ）から木製船形品が、真庭郡落合町下市瀬（八世紀ごろ）からは舟型木製品などの出土例がある。とくに下市瀬の舟型木製品は、帆柱穴や瀬持ち穴などと推定される穴が開けられていて、高瀬舟そのものであるともいえるほど高瀬舟の構造に極めて酷似した出土品である。つまり、原尾島の木製船形品および月の輪の船型土製品とあわせ考えると、これらから出土した舟型製品はいずれも、先の文献資料などにもまして岡山県下におけるかなり早い時期からの高瀬舟通航を示唆しているものと思われる。

活躍した高瀬舟

江戸時代以前の高瀬舟については、資料も少なくさほど明らかでないが、江戸時代に入るとその活躍の様子はかなり明らかにすることができる。図3に吉井川と旭川の船路網を示した。これによると吉井川筋

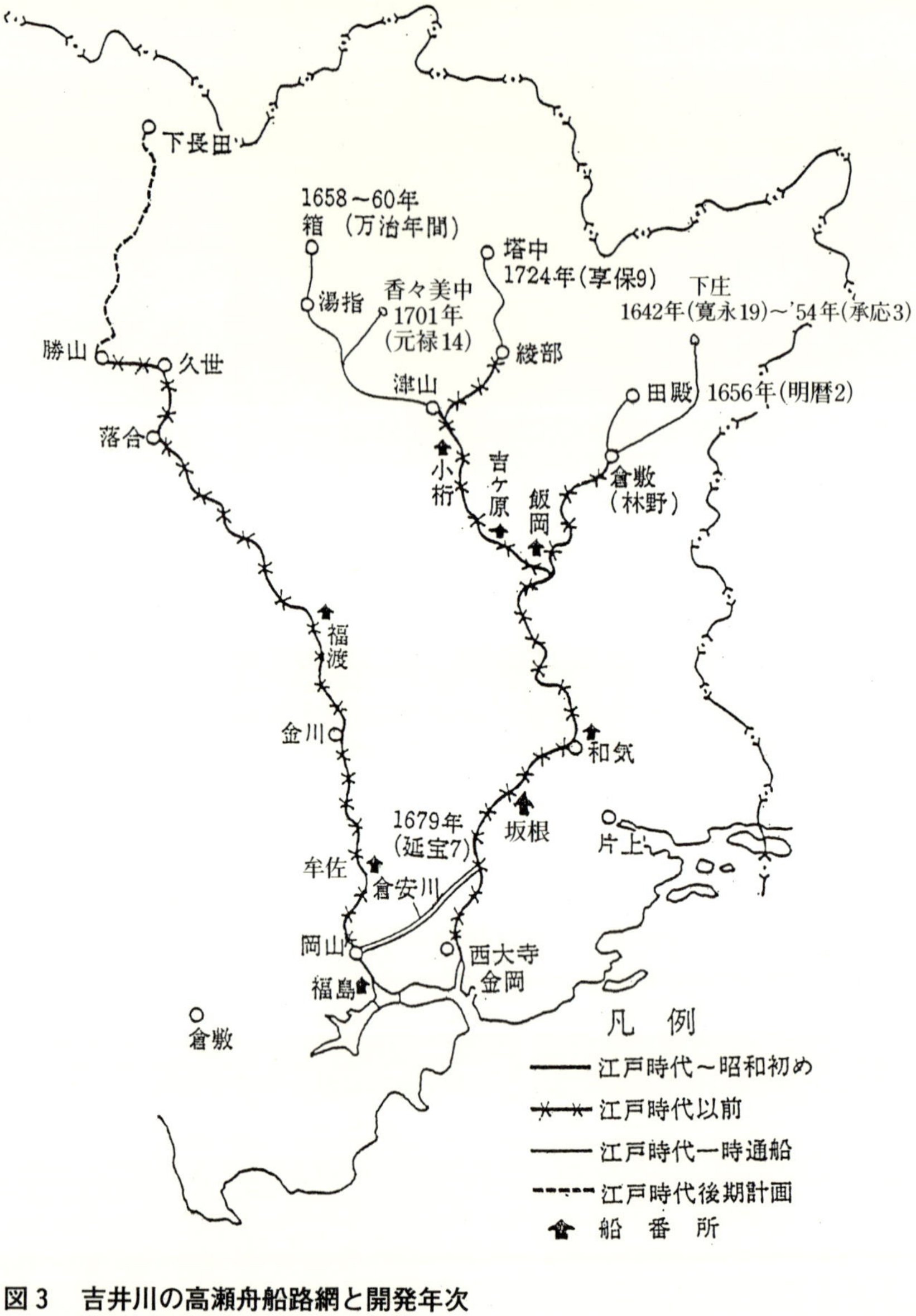

図 3　吉井川の高瀬舟船路網と開発年次
（『岡山県史』近世Ⅱをもとに作成）

では前述したように、津山・綾部（以上、現津山市）、倉敷（現美作町林野）までは江戸時代以前に通航している。江戸時代に入ると諸大名たちは、領国経営政策の第一に諸産業の開発やそれにともなう物資輸送路の城下集中、および全国的市場への流通路開発に力を注いだ。とくに江戸時代の美作地域は、津山藩をはじめとする各藩領と天領（幕府領）などが入り交じる構成となっていた。それに加えてそれぞれ領地がおもに山間地域に属することもあって、そこに谷筋を深く入り込む各河川の開発は物資輸送路として重要であり、いずれの領地においても積極的に取り組むべき課題の一つであった。

図3の「―」で示された航路は、このような状況下で開発が行われ、江戸時代に一時通船・利用された記録が残るものを図示したものである。吉井川筋も吉野川筋もまさに「船、山にのぼる」といってよいほどの状況が見てとれよう。ただしこれらの航路のほとんどは、その河川の状態および傾斜度などの条件のもとで、度重なる洪水などによる航路の閉鎖などのために一時期の運航に終わってしまったものである。一方、吉野川筋の例でみると、江見までの通船を願う上流の地域と倉敷との間で、江戸時代をとおして争論があったようである。つまり、江見では過去通船が行われていたことを理由に通船を願ったのに対し、倉敷ではそのようなことは聞いていないとし、従来からの河岸場としての盛衰にかかわるとして通船反対を唱えたのである。(2)どうやら自然的条件だけでの上流への船路開発困難とはいえないこともあったことがうかがえるのである。

さて高瀬舟が活躍した第一要因は、まず美作各地からの年貢米を吉井川河口港である備前の西大寺港・金岡港（現岡山市）へと輸送することであった。そこで年貢米は廻船に積み替えられて、江戸および大坂へ

表1　美作三川の高瀬舟御年貢米積高（文久2年）

	所　　領	年貢米俵数	合計俵数	積舟合計
東川（吉野川）筋	生野御支配所	19,000俵	57,000俵	950艘
	龍野御預所	12,000俵		
	津山御領分	18,000俵		
	明石御領分	8,000俵		
中川（吉井川）筋	生野御支配所	7,500俵	98,100俵	1,652艘
	龍野御預所	15,000俵		
	倉敷御支配所	10,000俵		
	津山御預所	6,500俵		
	津山御領分	40,000俵		
	土屋様御領分	8,500俵		
	土井様御領分	7,500俵		
	浜田様御領分	2,800俵		
	池田様御領分	300俵		
西川（旭川）筋	龍野御預所	6,800俵	21,000俵	350艘
	津山御預所	1,400俵		
	津山御領分	10,000俵		
	土井様御領分	2,800俵		
合　　計		176,100俵	176,100俵	2,952艘

（柴田一「近世高瀬舟稼の崩壊過程」『岡山史学』第2号による）

と運ばれたのである。また、天領の年貢米の一部は伊予国の別子銅山などへも運ばれた。第二は、もちろん美作地域で生産された諸商品、および瀬戸内地域からの諸商品の輸送であった。

それでは、高瀬舟の輸送の第一の要因である年貢米の輸送の実態はどのようであったのであろうか。吉井川・吉野川両川筋では、それぞれ津山・木知ヶ原・田殿・倉敷（現林野）などの積み出し港（河岸）へと集められた年貢米が、輸送を請け負った船頭たちの手によって、およそ四、五艘の船団を組んで西大寺・金岡へと出船していった。舟には通常上乗り庄屋と呼ばれる当番の庄屋が乗り込み、川から海をへて江戸・大坂にいたるまでの年貢納入一切の責任を課せられていた。もちろん、各河岸や各港にはそれぞれ詰庄屋などが出向いて厳重な警備が行われ、さらには各積み換え場をはじめ江戸・大坂の納入最終段階まで、不正のないよう厳重な升回し（計量）が行われた。また、年貢納入にかかる費用

表2　吉野川上り・下り荷（安政六年）

	上り荷	下り荷
食生活関係	塩・いりぼし・いわし・わかめ・あらめ・かつお節・鰤・いか・鯖・かき・鯛・はまぐり・かずのこ・こぶ・米・大麦・そうめん・みかん・だいだい・とうふ・こんにゃく・醤油・酢・酒・油・さとう・みりん・生が	米・餅米・小麦・麦・そば・大豆・小豆・黒豆・たま・ごま・菜種・栗・酒粕
衣類・日常生活関係	火口・付木・からつ・杓・一合杓・こえ杓・とふば・線香・数珠・かさ・あみがさ・手傘・ちょうちん・扇・ぞうり・たび・びん付・元結・芋・くし・丁字香・ろう・鋳もの・あかね・釘・たばこ・猪口・三つ折・半紙・ちり紙・紙・念仏紙・赤紙・奉書・たんす	木綿・古手・綿・生割木・木・干割木・雑割木・綾木・掛木・丸木・木ふし・ずぼ・竹の皮・桧皮・蒸楮・紙・下駄・綿実
農具・家具関係	ふるい・かご・ござ・表・たたみ・石ばい	
その他	松船板	明樽

（柵原町史編纂委員会『柵原町史』」柵原町、1987年刊により作成）

は、一部を除きおよそ村方の負担であった。

では、美作地域からどれだけの年貢米が運ばれたのかをみると次のようである。たとえば表1に示した江戸時代末の一八六二年（文久二）の記録でみると、吉野川・五万七〇〇〇俵（高瀬舟九五〇艘）、吉井川・九万八一〇〇俵（一、六五二艘）、それに旭川・二万一〇〇〇俵（三五〇艘）で、美作地域から合計約一八万俵もの年貢米が約三〇〇〇艘の高瀬舟によって運ばれているのである。

つぎに商品輸送の主なものをみると、県北地域から瀬戸内方面への下り荷としては、米・大豆・繰綿・針金・鍋釜・杓子などが、瀬戸内から県北地域への上り荷としては塩・油・藍玉・海産物などが積み込まれた。つまり、下り荷としては県北地域の農産品や特産品が、上り荷としては瀬戸内地域から日用雑貨品が運ばれたのである。英田町福本での上り・下りの商品は、表2に示したとおりであり、地域の多様な生産品からまさに日用品すべてといってよいほどの商品がみうけられる。

きびしい運航条件

高瀬舟の運航には、きびしい自然的・時代的・技術的な条件・制約が横たわっていた。これらのうち主に自然的・技術的制約により、結局は明治以後に登場してくる鉄道や自動車などの近代交通機関との競争に敗れる結果となるのである。

まず自然的な制約としては、もちろん川そのものである。川はいつも同じ状態ではなく、高瀬舟の航路の確保が運航上の第一課題であった。そのためほぼ毎年の川浚《かわざら》えが必要であった。川浚えとは、運航の障害となる川底の土砂や石などを取り除く作業のことである。これはいわゆる低水工事と呼ばれるもので、明治後期ごろから取り入れられた川岸の堤防を高くする高水工事とはまったく反対の工法である。つまり、わが国で今日一般的に見られる、川の両岸に堤防が高く連なる河川景観は、明治後期までは見られなかったのである。先述したより上流への航路の開発にあたっても、川浚えが欠かせなかったのである。しかし、上流部になるほどに傾斜度は高くなり、その結果急流となる。しかも頻繁に起こる洪水などで河床が変化するため、川浚え作業が困難をきわめたことから、上流部への航路開発および運航は一時期にとどまったといえるのである。

このことは明治期になっても同様である。たとえば一八八〇年（明治一三）の記録によると次のようである。まず「美作国之義ハ海浜ニ懸隔いたし、僅ニ津山英田両川惣テ五穀薪炭塩其他百物彼我日用之物品ヲ交換輸出入致シ来ル処ニテ、実ニ国民生活ニ繋ル所ニ御座候」と述べ、高瀬舟による流通は、国民生活に直結するものと認識していると述べたあと、「依テ従来船路ノ浚鑿ニハ注意」してきたとし、同年の洪水による舟路埋没を浚鑿《しゅんさく》するための費用を県に求めているのである。このことは、江戸時代には舟持をはじめとして郡中の各村々が浚鑿場所を分担して川浚えを行ってきていたことを受けて、明治になってからはこれを県費によって行おうとする事例である。(3)

つぎに時代的制約とは、いわゆる幕藩体制下での数々の統制を受けたことである。農業生産とくに稲作を核とした社会経済体制のなかで、米生産のための用水確保は不可欠のことであった。このことは高瀬舟が年間を通して運航できなかったひとつの原因であり、およそ春彼岸から秋彼岸までの用水取水のための井堰《いせき》が設置された期間、高瀬舟は基本的には運航できなかったのである。領国経営上からは、いわゆる就航規則となる船法が定められ、また船数に制限が設けられたこと、輸送禁制品が決められたこと、領国内または藩境には通船を監視する番所が設置されたこと、積荷に対して租税（積荷運上）の取り立てが行われたことなどの数々の統制があった。たとえば、津山森藩時代の吉井川では津山舟四五艘（予備三艘）に、松平藩時代では津山舟五四艘、長岡舟一一六艘、備前田原舟一六艘に舟鑑札（船株）を与え、これ以外の運航は認められていなかったのである。(4)さらに、それぞれの舟に対して積荷の割り当て等もあって、それをめぐっての紛争もたびたび起こっている。

津山藩城下を例に、高瀬舟運航にかかわる役回りをみると次のようであった。民政を担当する町奉行・大年寄の下に蔵元役・船方吟味役・舟肝煎などがおかれた。蔵元は高瀬舟を管理下において年貢米の輸送・売却にあたり、代銀を藩に納入した。船方吟味役は積荷の検査にあたり、船肝煎は各河岸において船頭や船積みの差配にあたるといったようであった。

さらに技術的制約は、上り下りともに流水と風とを動力とし、とくに上り時には人力での補助を必要とした高瀬舟そのものにあった。まず、河川の流量によって積載量が制限されたことが第一点である。もちろん水量の多い場合は、たくさんの物資が積み込めたのであるが、常にそうであるとはいかなかったからである。第二点は、一回の運航に約一週間を要したことである。高瀬舟は、当時最大の輸送機関ではあったものの、「大量に、安全に、正確に、速く」の輸送の原点に照らして、これらを十分に満足させるだけのものを持ち合わせていなかったことが、後に出現する交通機関との競合に生き残れなかったものと指摘できよう。

高瀬舟の盛衰

江戸時代にあった数々の制約が取り払われ自由な運航ができるようになった明治以後になって、高瀬舟はより本格的な活躍の時代を迎えたといえる。とくに一八九一年（明治二四）に岡山県下を東西に貫通した山陽鉄道は、南北交通の主役であった高瀬舟の運航を刺激し、県下の交通網の活性化をうながした。北から下ってきた物資は、従来の瀬戸内の廻船へとつないでいたものからしだいに鉄道へと移っていった。もちろん、このことによって瀬戸内の諸港がすべて急激に衰退していったとはいえず、いぜんとしてその役割は大きかった。

高瀬舟の運航に大きな影響を与えたのは、県下で第二番目となった一八九九年（明治三二）の中国鉄道の岡山—津山（現ＪＲ津山線・津山口）間開通であった。これにより吉井川と旭川の高瀬舟は大きな影響をこうむった。つまり、内陸地域と臨海地域とを南北に連結するという本来の意義を、鉄道に取って代わられることになったのである。

とくに、美作地域の物資輸送を一手に引き受けていた津山周辺部からの上り・下り荷は、鉄道へとしだいに移っていった。ただし、津山周辺部を外れた吉井川の中流域・下流域や吉野川筋では、直接鉄道の影響を受けないことから物資はいぜんとして高瀬舟を利用していた。中国鉄道開通から四年後の一九〇三年（明治三六）の和気町での調査によると、「高瀬船一ヶ年一千二百余艘、其貨物数量米穀一万二千石、茶四千個、銅一千個、生糸百個、筆軸一千俵、繭百六十個、温泉水一千二百樽、和紙三千四百個、其他雑品等にして、此等は一旦倉庫に積置き、汽車積として、大阪、神戸、京都、岡山、広島地方へ転送す。其他此地方にて、販売するものは、薪炭、材木等なり。以てその一端を知るべし。」とあり[5]、いぜんとして吉井川を通しての盛んな物資流通の様子がみられる。なお、柵原鉱山からの鉱石輸送は、片上鉄道が開通するまでもちろん高瀬舟での輸送が主であった。一方旭川では、中流部の福渡以南で中国鉄道が旭川と並行したため、福渡が上流部と中下流部とをつなぎ、また高瀬舟と鉄道との結節点となった。

写真１　復元された高瀬舟（建部町）

その後、県下に鉄道網が広がっていくことや、陸上交通機関が発達していくのにしたがって、高瀬舟の活躍の場は狭められていった。とくに一九二八年（昭和三）の伯備線の開通は、高梁川と並行する路線であったため、しだいに活躍の場を失いつつあった高瀬舟へ大きな影響を及ぼすものとなった。岡山県下の高瀬舟がいつごろまで運航していたかについての正確なところは明らかでない。しかし、太平洋戦争末期の一九四三年（昭和一八）十一月十九日の合同新聞に、戦時輸送のため高梁川に高瀬舟が復活したとの新聞記事が見られることからして、およそ昭和十年代半ばまでには高瀬舟の時代は終焉を迎えていたものと考えられる。

写真２　中須賀船着場石灯篭

高瀬舟の記念物

河川改修やその他の工事などによってその大半は消え去っているものの、往時の運航をうかがうことのできる、いわゆる高瀬舟記念物といえるものが現在もいくつか存在している。高瀬舟そのものでは、岡山県立博物館と建部町文化センターなどに復元された高瀬舟が展示されているので、その姿を見ることができる。

つぎに、吉井川の高瀬舟に関する記念物などをいくつかあげると次のようである。まず、津山市押渕にある山王宮のある岩山は（通称・川中山王）、現在は県道津山柵原線の改良工事によって県道と接してしまっているが、元はまさに通称のとおり川の中に立つ岩山であった。この岩山の川側の岩肌には、高瀬舟を引き上げていたときの引き綱跡が数条刻まれている。これは乗組員たちが、引き綱を肩に川岸を上流に向かって高瀬舟を引き上げた時、綱のすれた跡とされるものである。多数のしかも長い長い年月にわたる高瀬舟の上下が、これだけの綱跡を残したことに今は驚きをもって見るのみである。

つぎに久米町中須賀の船着場跡には、一八五四年（嘉永七）のもの一基と、一八六八年（明治元）のもの二基の計三基の灯篭が立っている（写真2）。中須賀は、出雲街道の宿場町として、また吉井川とつなぐ物資の集散地であった。嘉永七年の灯篭は、笠石に「金」と刻まれたいわゆる金比羅灯篭であり、金刀比羅宮信仰の広がりをうかがわせるばかりでなく、金刀比羅宮は船の神様ということで、吉井川沿いに立ち高瀬舟の航海安全を祈ったものである。明治元年の二基の灯篭は、もと出雲街道沿いの両側に立っていたもので、一方の竿石には内宮、他方には同じく外宮と刻まれたいわゆる伊勢神宮に関係した灯篭である。後に川沿いに移転されたようであるが、いずれの灯篭も旅や流通の安全祈願に関係する記念物である。なお、明治元年のものには、地元の発起人たちに加えて「播州」や「姫路」などと刻まれた名が見られ、出雲街道を通しての広い地域間の交流をうかがうことができるのである。

写真3　楢河岸の高灯篭

さらに、津山市楢の川岸にも一基のりっぱな灯篭が立っている。「楢河岸の高灯篭」と呼ばれているもので、これも中須賀のものと同様に、因幡街道と加茂川とをつなぐ交通の要の位置にある（写真3）。現在も川から見上げるほどの高い石積みの上に立っていて、高瀬舟の目印として十分にその役割を果たしていたことを物語る灯篭である。これにも「金毘羅大権現」と刻まれていることから、中須賀の灯篭と同様に高瀬舟の航海安全を祈ったものであることがわかる。また、「天照皇太神宮・木山午頭天皇・中山太神宮」なども刻まれていることから、この灯篭は地域の安全をも祈願する意味をあわせ持っていたものと考えられる。

現存するこれらの灯篭はいずれも、地域をはじめとする人々の発起によって建てられ、盛んに発着する高瀬舟の航海安全を祈った貴重な記念物なのである。

〔参考文献〕

（1）藤沢晋「高瀬舟」『おかやま風土記』日本文教出版社（一九五六年）
（2）英田町史編纂委員会『英田町史』英田町（一九九六年）
（3）英田町史編纂委員会『英田町史史料集　第四集　町内各文書』英田町（一九九四年）
（4）津山市史編さん委員会『津山市史　第3巻　近世Ⅰ　―森藩時代』津山市（一九七三年）
（5）片尾章之丞『和気郡史』山陽新報社（一九〇九年）

六　吉井川を上った瓦、下った瓦

瓦の運搬

瓦と水運

屋根瓦は重い。また、作るには粘土や薪が大量にいる。いざ建物の新築ともなると、この瓦を一度に大量に供給しなければならない。したがって、瓦は作るにしても、運ぶにしても、大容量の輸送方法が必要となる。こうしたことから、瓦の生産と流通は水運と結びついていることが多い。例えば、岡山県下で江戸時代最大の瓦産地は、岡山城下町の南縁にあたる岡山市二日市・七日市一帯であり、達磨が座禅をした姿に似た瓦窯特有の形の窯で手作りの瓦を焼く姿が戦後までみられたという。そこは岡山のまちという巨大な瓦消費地に直結する一方、西川や旭川による水運をフルに活用できる場所であった。

探る方法

岡山県下で江戸時代の瓦の生産と流通の具体像を示す文書はあまり残っていない。しかし、それを知る手がかりに、瓦に直に書かれた銘文や刻印がある。鬼瓦の側部などには、作られた年代、瓦師名やその住所、あるいは製作地が書き込まれていることがあり、その瓦が何時どこから運ばれたかがわかるのである。また、瓦の文様は木型を粘土に押しつけて施され、同じ文様の瓦が大量生産されるわけであるが、とりわけ江戸後半期の軒平瓦は産地や瓦師ごとに固有の文様をもつことが多く、文様から産地が判り、瓦の運搬に違いない。

そうした方法で、江戸後半期の吉井川をめぐる瓦の運搬に迫っていこう。その担い手は高瀬舟であったの事実が明らかとなることがある(1)。

瓦の銘文と軒平瓦の文様を求めて歩く

津山城下の光厳寺（津山市西寺町）

津山は美作盆地の半ばにあって、吉井川沿いに開けた美しい城下町である。鶴山公園の名で知られる津山城本丸から一キロあまり離れた、旧城下の西端には数多くの寺が集まっている。ここの寺々も他地域の寺社建築や古民家と同じく、屋根瓦の葺き替えが進んでいるが、幸い古い瓦が屋根に残る光厳寺をまず訪ねてみた。

光厳寺の本堂とその東側の建物の鬼瓦には側部に銘文が書いてあるようだ。双眼鏡で覗いてみると、東側建物の方は「寛政八丙辰歳五月　細工人備之前州牛窓住　高原和兵衛　於作州木知ヶ原作之」と読めた。寛政八年は西暦一七九六年である。作者はなんと瀬戸内の港町として名高い牛窓の人で、この瓦を作州木《き》知《ち》ヶ原《がはら》で作ったというのである。木知ヶ原は今の柵原町吉ケ原で、吉井川の畔にある。つまり、この瓦は津山城下の製品ではなく吉井川を一〇キロほど遡《さかのぼ》って運び込まれたものである。

本堂の鬼瓦は「天明五年乙巳三月吉日　備前国和気郡塩田村内海…　於作州勝南郡木知…　作…」と読めた。天明五年は一七八五年である。「内海」や「木知」の下は隠れて読めなかったが、文の流れからして、今の佐伯町塩田に住む内海某が、やはり木知ヶ原に出向いて作り、津山に運ばれたと判断できる。

光厳寺には多数の瓦が残っているが、幕末から近代にかけての差し替えと考えられるものを除外して、銘文に近い年代のものを探すと、特徴的な軒平瓦が目についた。文様の中心飾は下向きに葉か花びら状のものが三つ、上に顎状のもの二つが組み合うもので、その左右の唐草は上に巻き、続く唐草は巻かずに子葉状に終わる。その文様区の右下には「木」の一文字があった(写真1)。

同じ西寺町にある壽光寺の本堂の屋根にも「寛政元年　酉十一月　備前国和気郡塩田・　内海…　作州勝南郡木…　作…」との銘を刻んだ鬼瓦が残っている。西暦一七八九年で光厳寺より四年新しいが、これも塩田村内海某が木知ヶ原で作り、津山に運ばれた鬼瓦である。軒平瓦も、光厳寺で先に見たのと同じ文様のものが目についた。

写真1　光厳寺の軒平瓦(木知ヶ原製)

和気の元恩寺(和気町原)

津山から二五キロあまり下った和気は、吉井川の中流にあって南北水運の要所であり、また東西陸路との結節点として、古くから栄えた。

和気の町から吉井川を挟んで対岸にある元恩寺では、本堂の鬼瓦が庭に降ろされている（写真4）。銘文は「安永六丁酉孟秋　美作国勝南郡木知ヶ原ニテ作　備前国和気郡鹽田村内海平三郎吉行　作之」。安永六年は一七七七年。この和気でも、塩田村の内海氏が木知ヶ原で作った鬼瓦に出会えたのである。こちらは木知ヶ原から一五キロほど吉井川を下った瓦である。備前国和気郡に住む内海氏が一旦美作に入って作った瓦を、再び備前に下って供給していることは面白い。果たしてこの元恩寺でも津山の光厳寺・壽光寺にあったのと同じ文様の軒平瓦が確認できた（写真2）。

写真2　元恩寺の軒平瓦（上二つは木知ヶ原製）

銘文のある鬼瓦と組み合う軒瓦の同定は、一例だけではあやふやであるが、数を積み重ねていくと確実性を増す。ここまでくると、江戸中期後葉に内海氏によって木知ヶ原で作られた軒平瓦にはこの文様のものがあったと判断して良いだろう。「木」の字は、木知ヶ原の頭文字に違いない。

木知ヶ原（柵原町吉ヶ原）

いよいよ、吉ヶ原を訪ねてみよう。本経寺の本堂は桃山様式の古い建築であるが、江戸後半期の資料として客殿や庫裏などの鬼瓦が保管されている。うち一つの三側面にはそれぞれ「安永四乙未年　三月吉日」

写真3　吉ヶ原でみかけた当地製とみられる軒丸瓦

「美作国勝南郡　於木知ヶ原作之　統領砂子新兵衛」「備前国和気郡塩田村内海平三郎　作之」とある。安永四年は一七七五年で、二年後の和気・元恩寺例と同じく塩田村の内海平三郎が木知ヶ原で作ったことがわかる。両者を比べてみると鬼瓦自身もデザインやつくりがよく似ている。ただし、ここでは統領の砂子新兵衛の名があり、内海平三郎はその下で瓦を作った。この砂子氏こそが、木知ヶ原に住む瓦師であった。本経寺の別の鬼瓦にも「明和四丁亥　二月吉日　當木知ヶ原住人　砂子伊八郎」の銘文（一七六七年）がある。これらの鬼瓦と組み合う軒平瓦には、先に津山の西寺町や和気の元恩寺で見たのと同じ文様のものを含む可能性が考えられるが、境内には軒瓦があまり残っておらず、確認はできなかった。

一方、聞き取りで吉ヶ原では確かに戦後まで瓦を焼いていたことがわかった。そうすると、付近の民家に残っている瓦に多く含まれるに違いない。そこで、目に留まる軒平瓦の文様は、中心に半切した菊文を据え、外側の唐草が「く」字を横にした形であったり唐草全体が肉厚で雲形にみえるもので、文様区内に「吉」や「木」の字を配するものがある（写真6）。また軒丸瓦は三つ巴文の周囲の珠文の内に「吉」や「木」の一字を書くものが多い（写真3）。こうした瓦は、実は津山や和気の町にも相当及んでいるが、その分布の中心に吉ヶ原が位置すると

表1　吉井川流域の江戸中後期の瓦銘

資料所在地	対象資料	製作年	瓦師所在地(製作地)	瓦師姓名（住所と姓名）
下流ー西大寺・東岸平野部				
西大寺中	西大寺観音院仁王門鬼瓦	明和７年(1770)	備中国窪屋郡酒津村	梶谷六□□
西大寺中	西大寺観音院経蔵露盤	享保20年(1735)	播磨国網干伊津浦	山本半十郎
西大寺中	西大寺観音院三重塔	文政８(1825)	イコシムラ（射越）	ツヌミイツザエモン
邑久町豆田	円福寺鬼瓦	寛保１年(1741)	福田村	守時
邑久町豊原	大賀島寺本堂鬼瓦	安永５年(1776)	土師村	日下元之助
長船町福岡	妙興寺門鯱・鬼瓦	文政９年(1826)	福永村	辰治
長船町土師	正通寺客殿鬼瓦	弘化３年(1846)	福永	
長船町福岡	妙興寺庫裏鬼瓦	弘化２年(1845)	久志良	園村弥衛門
長船町土師	正通寺大師堂鬼瓦	元禄５(1692)	和気郡伊部村	中村
長船町長船	靭負神社	天保９年(1838)	和気郡香登西村	行吉□□
備前市大内	福生寺鬼瓦	享保４年(1719)	福田村	
備前市大内	福生寺平瓦	寛保３年(1743)	福田村	守時
備前市大内	福生寺丸瓦	延享元年(1744)	福田	
備前市大内	福生寺実相院丸瓦	元禄14年(1701)	上道郡一日市村	九郎大夫
備前市福田	福田観音堂鬼	寛延２年（1749）	福田村	
備前市伊部	長法寺本堂鬼瓦	安永５年(1776)	播磨国坂越庄根木村	大崎小平次　藤原昌伊
中流ー和気周辺				
和気町原	元恩寺鬼瓦	安永６年(1777)	美作国勝南郡木知ヶ原	和気郡塩田村住　内海平三郎吉行
和気町原	元恩寺鐘楼鬼瓦	文化12年(1815)	香□村	房吉
和気町原	元恩寺　丸刻印		加々登	善兵
和気町和気	本成寺納骨堂露盤	明和元(1764)	播州赤穂郡坂越庄根木	大崎小平治　藤原尹信
和気町泉	安養寺鬼瓦	天明８年(1788)	播州網干　伊津浦	半十郎（半十郎の刻印丸瓦も併存）
和気町泉	安養寺本堂鬼瓦	寛政元年(1789)	南曽根	石野政泉藤原俱長
和気町泉	安養寺鬼瓦	寛政２年（1790）	南曽根	俱長
和気町泉	安養寺鬼瓦	弘化３年(1846)	曽根村	房右衛門
和気町泉	安養寺鬼瓦	明治か	西大寺	前田房太郎
和気町泉	安養寺鬼瓦 （上と同一固体）	文化３年(1806)	作州福本 播州鵤	瓦屋孫四郎 忠右衛門
和気町大田原	由加神社鬼瓦	寛政６年(1794)	作州英田郡福元	藤原直高（寄進は大森氏）
和気町吉田	吉田八番宮	嘉永２年(1849)	吉永中村	直助
和気町藤野	実成寺鳥衾		和気郡南曾根	石野有助
佐伯町	本久寺		和気郡塩田村	播州揖東郡林田住　藤原氏内味吉右衛門
佐伯町	本久寺 （上と同一固体）	明和２年(1765)	作州木知ヶ原 姫路	砂子伊八郎 長兵衛
中流ー吉ヶ原				
柵原町吉ヶ原	本経寺鬼瓦 （上と同一固体）	明和４年（1767）	當木知ヶ原 播州姫路	砂子伊八郎 長兵衛
柵原町吉ヶ原	本経寺鬼瓦 （上と同一固体）	安永４年（1775）	美作國勝南郡木知ヶ原 備前国和気郡塩田村	統領　砂子新兵衛 内海平三郎
津山周辺				
津山市西寺町	光厳寺庫裏鬼瓦	寛政８年(1796)	作州木知ヶ原	備之前州牛窓住　高原和兵衛
津山市西寺町	光厳寺本堂鬼瓦	天明５年(1785)	作州勝南郡木知ヶ原	備前国和気郡塩田村　内海□
津山市西寺町	壽光寺本堂鬼瓦	寛政元年（1789）	作州勝南郡木□	備前和気郡塩田　内海□

写真４　元恩寺の鬼瓦（内海平三郎銘）

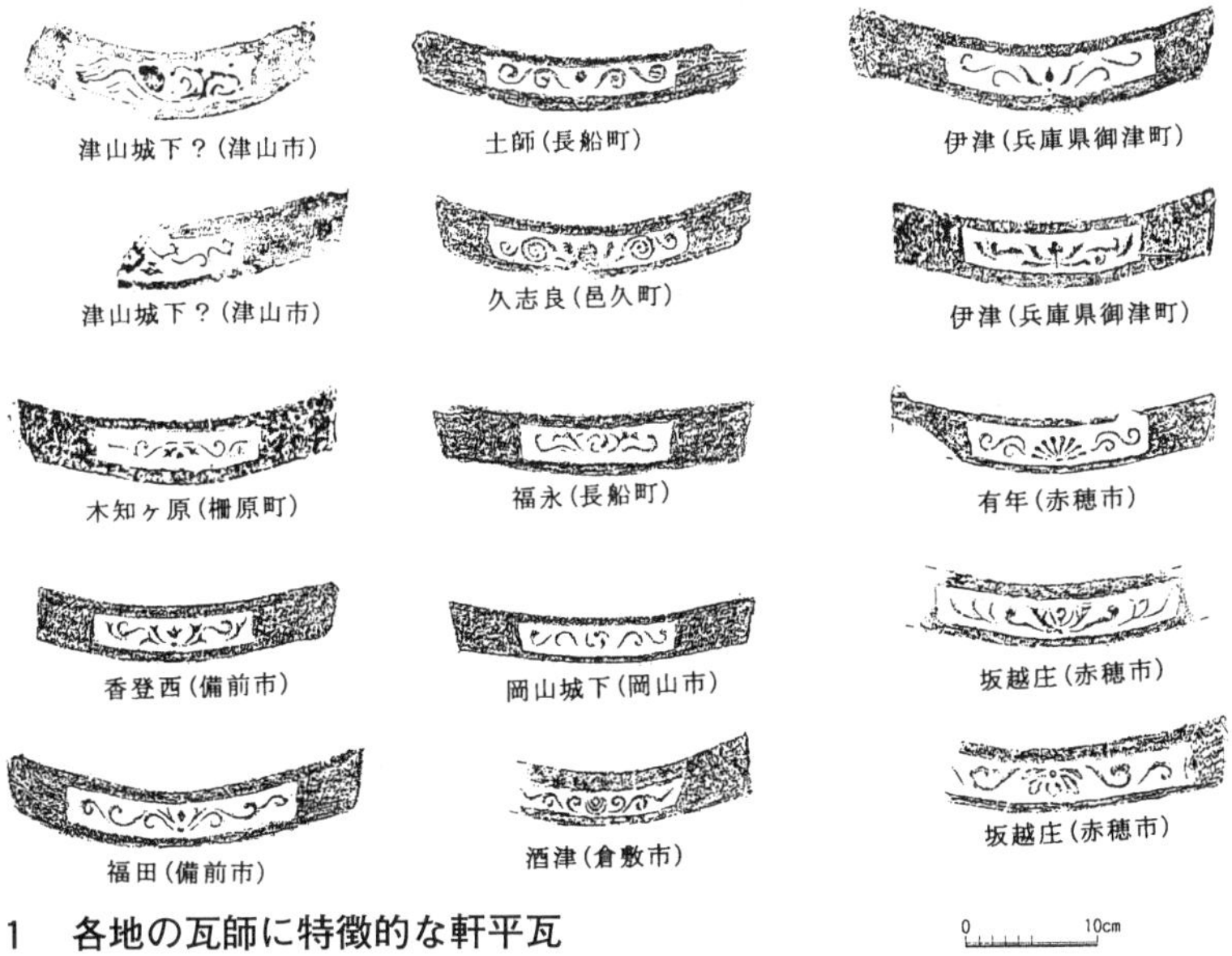

図1　各地の瓦師に特徴的な軒平瓦

いう状況証拠もある。これらは、江戸後期から明治以降にかけての吉ヶ原で作られた瓦と判断してよいのではないか。なにより瓦に記された「吉」や「木」は、先にみた江戸中期後葉の軒平瓦と同じく吉ヶ原（木知ヶ原）の頭文字であり、いわば吉ヶ原ブランドの瓦のトレードマークではなかったか。

吉井川をめぐる瓦の生産と流通

瓦銘と軒平瓦の文様

吉井川流域で、確認できた江戸中後期の代表的な瓦銘は表1の様に整理できる。また、図1は各軒平瓦の産地の同定結果を示した。産地は先に示したような銘文との共伴関係や産地周辺への分布の集中などから逆算して割り出したが、これには他地域で得られたデータも加味している。というのは、吉井川流域に生産の場を持たない播磨や備中の瓦も及んでいて、流域内の資料に頼っていただけでは完結しないからである。

つまるところ、吉井川流域の各地にみられる瓦は、流域外から運ばれたもの、流域内を運ばれたもの、地場で作られ地場で消費されたものからなる。

流域外で作られた瓦

播磨からは、西大寺観音院に一七三五年銘、安養寺（和気町泉）に一七八八年銘を残す伊津《いっ》（兵庫県御津町）、本成寺（和気町和気）に一七六四年銘を残す坂越庄《さこしのしょう》（兵庫県赤穂市）が入っている。いずれの産地も瀬戸内海運を活用できる立地にあり、特に伊津の瓦は牛窓から児島地域に大量に運び込まれている。その軒平瓦の文様の中心飾りは三葉であったが一七八〇年ごろになると橘に変化する。

備中からは西大寺観音院に一七七〇年銘を残す酒津《さかづ》（倉敷市酒津）が入っている。酒津は高梁川沿いの水運を活用できる立地で、川船で一旦海に出て運ばれて来たのであろう。軒平瓦は中心飾が肉厚の宝珠で、内側はよく巻き、端では跳ねる唐草が特徴的である。

以上のような海廻りの瓦は、海と川の水運の結節点である西大寺を経て、中流の和気までは遡っていることが確認できる。

旭川の河口に程近い岡山は、備前の国の領国経済の中枢であった。そこで作られた瓦は、中心飾に三つ巴を配し、唐草が先ず下、次に下に巻く文様の軒平瓦が特徴である。吉井川流域では明確な銘文資料は未確認であるが、やはり西大寺から和気あたりまでは入っているようである。

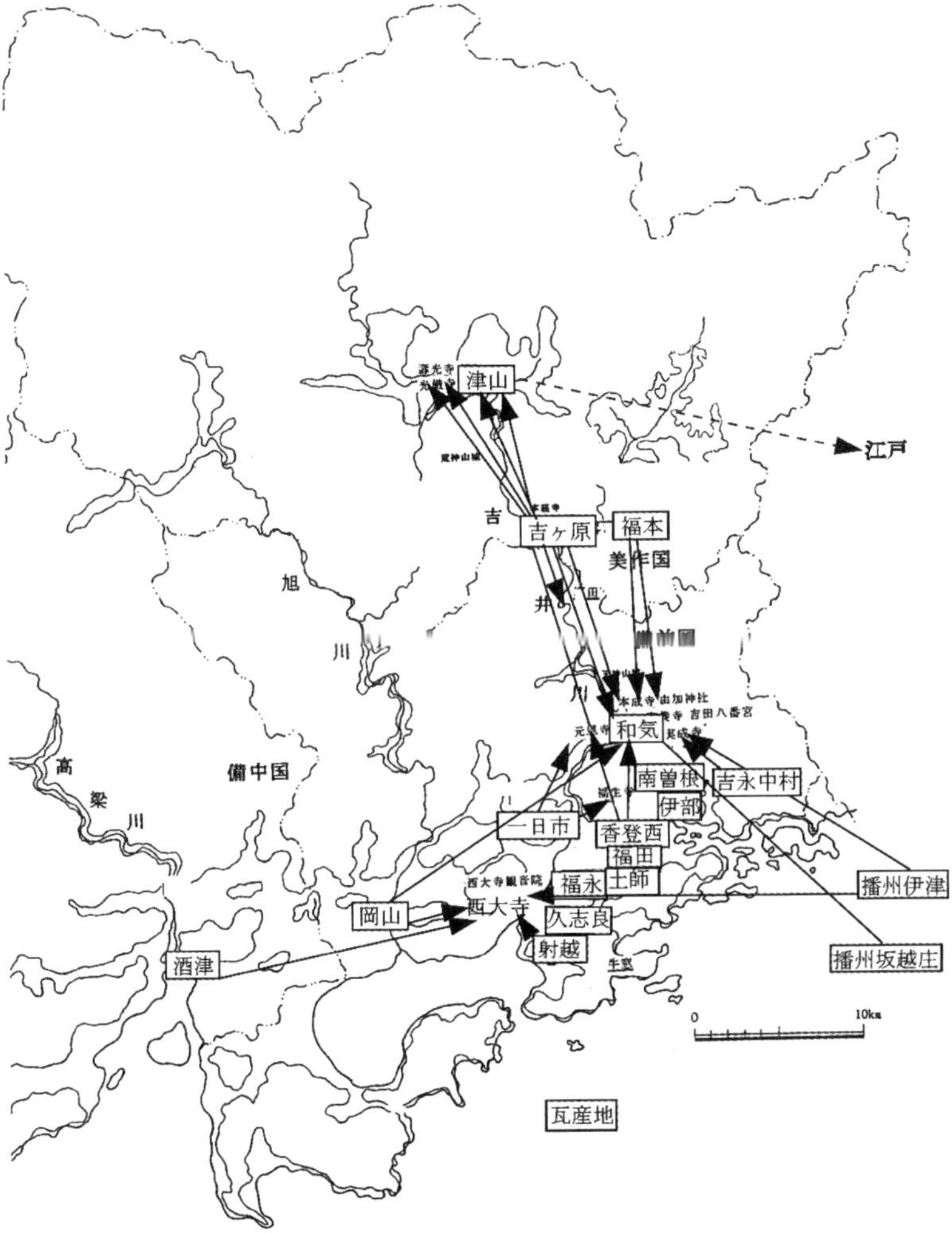

図２　吉井川をめぐる江戸後半期の瓦の動き

写真５　津山製とみられる軒平瓦

流域で作られた瓦

吉井川下流の東岸平野部には射越《いこし》（岡山市西大寺射越）、久志良《くじら》（邑久町）、福永（長船町）、香登西《かがとにし》（備前市）、福田（備前市）などの瓦産地があり、それぞれに特徴的な文様の軒平瓦を作っている。これらは地場で消費されるのが基本であるが、香登西や福田の瓦は吉井川を遡《さかのぼ》って和気の元恩寺や大国家住宅に入っている。

　その和気にも、曽根・南曽根に地場の瓦師がいたことが、安養寺（和気町泉）の瓦銘などからわかる。彼らの銘文は地元のほかでは未確認で、そう広くは流通していないようである。また、彼らの軒平瓦は中心に肉厚の宝珠を据えたものを含む可能性がある（写真7）。

　木知ヶ原産の瓦は先に述べた通りの特徴をもち、上は津山、下は大国家住宅[2]など和気周辺にまで大量に運ばれている。下流部にも多少は及ぶようであるが、数は少ない。吉井川分流の吉野川に臨む福本（英田町）でも瓦作りが行われ、一七九四年銘の鬼瓦が和気の由加神社（和気町大田原）、一八〇六年銘の鬼瓦が同じ和気の安養寺に及んでいる。その軒平瓦は未特定であるが、福本での瓦作りも、吉井川の河川交通の拠点性を生かしたものと予想される。

津山城下でも上之町に瓦屋が何軒かあり、粘土を取るための願い出の文書などが知られている[3]。江戸後期から近代にかけて津山城下で作られた軒平瓦の文様は、雲状の波文や、中央に花びら状の大きな図形を配したものを含むとみられ、旧津山城下から今の津山市近郊に及んでいる（写真5）。これは、吉井川の中流まではいくらかが運ばれているようだ。

図3　作字の刻印
注4書から

また、津山城下で作られたとみられる瓦に「作」字の刻印をもつものがある（図3）。これは、津山城下だけでなく遠く江戸の津山藩邸でも出土し、瓦を津山から吉井川を下って海船に積み替えて江戸に運んだことを示す文書とあわせて、注目されている[4]。江戸で出土した刻印瓦も高瀬舟で吉井川を下ったことになる。

江戸後半期の流域各地の瓦の組合せ

次に流域各地を歩いて確認できる瓦の構成をみていこう。ここでは、軒平瓦の文様からの分析が大きな威力を発揮する。

写真６　和気・大国家住宅の軒平瓦１
上二つは吉ヶ原製、下は福田製

写真７　大国家住宅の軒平瓦
和気周辺製か

下流の西大寺

海上交通と河川交通の結節点を担う河口のまち西大寺では、岡山の瓦のほか、すぐ対岸の射越、播磨の伊津や備中の酒津の瓦などがみられる。舟で北から降りて来た瓦も多少は含まれる可能性があるが、むしろ海側から運ばれたものが重きをなすようである。いずれにせよ、遠隔地を含む多彩な産地の瓦が集まって来るのは、西大寺が交通の要衝であったという特徴をよく示している。

下流の東岸平野

邑久郡北部や和気郡南部は豊かな穀倉地帯で、農家でも蔵をはじめとして瓦葺き化が進み、需要に応じて地場の産地が林立した。ここでは、その地場産や岡山の瓦が主体となって、互いに競合しながら面的に及んでおり、対岸の西大寺とは様相が異なっている。

中流の和気

町全体とすれば、目立つのは吉ヶ原から下った瓦と市曾根や吉永中村（吉永町）など地場産とみられる瓦である。また、香登や福田など同じ和気郡内から吉井川を遡《さかのぼ》って来たとみられる瓦や岡山産の瓦などもある。さらに少なくとも寺社建築には播磨の瓦や美作の福本の瓦も入っている。

和気には吉井川流域各地を軸にそれを越えた産地の瓦がオンパレードで集まっている。ここが河川交通の拠点として栄えた結果にほかならないが、各産地の瓦とも和気を抜けて上流・下流に動いたとみられるものは以外に少なく、和気は中継地というより目的地すなわち消費地としての側面が強い様に思われる。あくまで瓦からみた場合であるが。

津山

津山産とみられる瓦が重きをなすが、軒瓦をみると相当量の吉ヶ原産が上ってきている。津山城下で使われた瓦は、ほぼ城下で焼かれたものに尽きるとの想定は成り立たない。それほど吉ヶ原の瓦作りは強大であり、高瀬舟の終着地としての消費都市津山の性格を如実に示している。

水運を前提とした吉ヶ原の瓦作り

瓦を積み出すまち

吉ヶ原は美作国勝南郡に属したが、備前国との国境部に位置し、美作への出入りをチェックするための舟番所や宿場が設けられた在郷町であった。その吉ヶ原での瓦作りは、吉井川流域の瓦産地の中で最も河川交通に立脚したタイプである。吉ヶ原自体で消費するのを遥かに越えた量が生産され、吉井川に沿って美作・備前の二国に広域的に運び出されたのである。同じく地場の瓦作りがあったとしても運び込まれる瓦が多かった和気とは、まったく様相を異にしている。

ここでの瓦作りは高瀬舟を用いた製品の積み出し、燃料となる薪の入手などの条件がよく整い、また良質の粘土にも恵まれたに違いない。

写真８　吉井川によって栄えた吉ヶ原

各地の瓦師が集うまち

また、よそからきた瓦師が出張製作を行ったり、土地の瓦師と協同製作したり、技術交流を行える社会環境が整っていたことも見逃せない。

例えば、佐伯町の本久寺の鬼瓦には明和二年（一七六五）に吉ヶ原の砂子伊八郎が播州姫路の長兵衛と合作をおこなったことを示すとみられる銘文がある。この砂子伊八郎は、先にみた明和四年（一七六七）の吉

写真９　栅原町鉱山資料館前の高瀬舟

ヶ原・本経寺でも実は姫路の長兵衛と連名で銘を残している。さらに砂子伊八郎の流れをくむとみられる吉ヶ原の砂子新兵衛は、安永四年（一七七五）の本経寺では内海平三郎の親方として現れた。その内海氏については、年の記入はないが「播州揖東郡林田」（姫路市林田町）に住む「藤原氏内味吉右衛門」が「和気郡塩田村」で作ったことを記した鬼瓦が佐伯町本久寺にある。この瓦が安永四年以前となると、内味吉右衛門は播磨出身で和気郡塩田村に土着化して瓦を作りはじめ、流れをくむ内海平三郎は安永四年（一七七五）の本経寺では窯場を備前の塩田から美作の吉ヶ原に移して砂子氏のもとで瓦を作り、安永六年（一七七七）の和気・元恩寺以降は自立したとのモチーフが描けるのである。別に、寛政八年（一七九六）には牛窓の高原和兵衛が吉ヶ原に出向いて瓦を作ったことが津山・光厳寺の瓦銘からわかることは冒頭に述べた。

吉ヶ原には城下町にありがちな株仲間による排他的な瓦生産とは対極の、出職を受け入れ、技術交流を行える自由な瓦作りのありかたが想定できる。

国境のまち

ここでの瓦生産がさかんとなった理由には、国境の町としての特殊性も思いつく。すなわち、備前から一歩美作に入った土地で瓦を焼くことは、美作と美作の両国で製品を売りさばくのに都合が良いか、むしろその要件ではなかったかということである。それは、地理的にもそうであるが、領内での消費は領内での生産品を原則とする大名領国制の筋論があったたし、内海平三郎の吉ヶ原への進出後のことではあるが、寛政四年（一七九二）に備前を領有する岡山藩が、採土地となる田畑の荒廃や瓦の価格安定を理由に、瓦の他国売りを具体的に禁じていることや[5]、文化一〇年（一八一三）に吉ヶ原舟番所を通過する登り荷の瓦を課税対象にしたことも[6]絡んでいるかも知れない。

高瀬舟で運ばれた瓦

吉井川で瓦が運ばれた実態を、瓦そのものからみてきた。銘文を読むという点では文献史学的であるが、これに考古学的手法を複合させた作業である。

高瀬舟の荷物としての瓦は、これまでほとんど注目されていなかったが、瓦は予想以上に運ばれていた。吉井川を遡った瓦も、下った瓦も大量にあった。

瓦の流れは西大寺から和気までと、和気から吉ヶ原を介して津山に至る二つのブロックに分けられる。また、西大寺、和気、吉ヶ原、津山は共に吉井川の河川交通上の拠点といっても、瓦の流通をめぐる具体像はそれぞれに異なっていた。さらに、この吉井川流域では備前・美作の交流は当然としても、東の播磨の要素も入っていることがわかった。播磨の瓦は物流としては和気あたりまでとしても、瓦師の交流は更に上流にまで及んでいた。このように吉井川は物流を担い、人と人とを結んだのである。

本稿をなすにあたっては、和気町歴史民俗資料館の猪原千恵氏には数多くのご教示と助力をいただいた。また、各寺社の関係者の方々には資料の探索にあたって多大な便宜をはかっていただいた。厚く感謝を申しあげます。

［注・参考文献］

（1）乗岡実「岡山市近郊における近世瓦の生産と流通」『岡山市の近世寺社建築』岡山市教育委員会（一九九六年）
（2）猪原千恵「古瓦」『旧大國家住宅調査研究報告書』和気町（二〇〇四年）
（3）奈良国立文化財研究所編『津山の社寺建築』津山市教育委員会（一九八八年）
（4）行田裕美・白石純「史跡津山城跡出土の「作」刻印瓦をめぐって」『東京考古』第21号　東京考古談話会（二〇〇三年）
（5）岡山大学池田家文庫等刊行会『市政提要』下（一九七四年）
（6）柵原町史編纂委員会「美作の高瀬舟」『郷土の文化資料』第四集（一九七六年）

七　吉井川流域の金属生産にかかわる地名と信仰

はじめに

兵庫県から山口県に至る中国山地とその周辺地域では、古代から、明治時代に洋式の製鉄技術が導入されるまで、活発に鉄生産が行われてきた。岡山県においても、鬼の城にまつわる伝説や一時は大和の勢力と肩を並べるほど強力であった吉備王国の背景には、古代の鉄生産があったと考えられる。近世に至って、岡山県の三大河川である、吉井川、旭川、高梁川の上流域の中国山地では、製鉄は、まぎれもなく地域の主要産業となった。しかし、それほど隆盛を極めた産業でありながら、岡山県に限らず、製鉄の歴史にはわからないことがいまだに多い。確かでないことは以下の三点である。

① 弥生時代に鉄製品の使用は明白であっても、製鉄まで行われていたかどうかが議論されている。

② 古墳時代の五世紀後半の鉄精錬遺跡が見つかっているが、どのような集団が鉄精錬の技術を持って地域に定着していたか、また倭鍛冶《わかち》に対して韓鍛冶《からかち》のほうが新しい技術として優位に立った際、それぞれの技術を持った集団のあいだにどのような勢力争いがあったのか、記紀や風土記の記述の解釈をめぐって、定説はない状態である。

③ 中世に入ると部民や氏族にかわり、鉄やその他の金属の生産・運搬・納入まで行う鋳物師《いもじ》の組織が発達していく。鋳物師の拠点として金屋が各地に設けられ、今日までも地名に残る。鋳物師は廻船鋳物師のように広域にわたる活動をするものもあれば、東大寺系のように、ある程度地域性をもって活動したもの

もあったようである。また鋳物師の活動に対して鉱物資源の探査はどのように行われていたのであろうか？　鉱物資源のある地域には必ずといってよいほど寺社があり、また修験道の聖地も多い。一部の修験者や修行僧が鉱物資源の探査も行っていたようであるが、明確な記録は少ない。

近世に入って、出雲で発達した天秤鞴《てんびんふいご》の技術が中国地方一帯に広がり、国内の最も活発な鉄生産地となる。「鉄山師」が、原料の砂鉄と木炭を産出する地域で、山内と呼ばれる製鉄の村を営みつつ、全国に鉄を出荷した。江戸時代の産鉄地は、多量の鉄滓とともに今日までその面影をとどめている。伯州日野の鉄山師、下原重仲の記した「鉄山必用記事」[1]には金屋子神の信仰、世界観、当時の製鉄業の技術体系、道具、そして鉄山の生活が詳細な図を使って記述されており、産業史にとり大変貴重な文献となっている。この記述があるからこそ、近世の中国地方における製鉄業の様子が、現代に伝わっている。しかし金属生産における、組織、技術や場所の移り変わりを古代から近世までたどることは、吉井川流域の場合（おそらく他地域でも）容易ではない。

洋式の鉱工業が導入され、また産業構造が変化していくとともに、景観を大きく変えるほど大々的に行われていた産業の跡も自然の一部となり、その産業に従事していた人々の信仰も後から入ったより身近なものにとって代わられた。この文章では、地域の産業の歴史、社会史や文化史をたどる上で大切な要素であったにもかかわらず、歴史の表舞台にはあまり登場しなかった、鉄と鉄製品の生産の産業に注目して、その面影を留める、地名、伝承や信仰をとりあげることにする。

地名・寺社名に残る鉄関連産業

まず、岡山の吉井川流域（美作、備前）に限定して金属関連産業が残した地名を見てみよう。「神社と鉄についての調査報告[2]」には岡山および近県のこうした地名の多くがリストアップされている。それにあげられている地名を中心に一覧表（文末に添付）にしてみるとこれらの金属関連産業地名はいくつかのグループに分類することが可能である。

① 資源に関連する地名と寺社名：「金」、「鉄」、「ささ」、「銀」、「丹」、「仁」など

金属生産に関係する地名の最も代表的なものは「金」である。鉄だけでなく金属資源一般と関係する地名と考えられる。鉱脈や鉱山のあったところ、砂鉄がとれた山、谷、川などの資源地である。たとえば大原町川上の金谷（旧金山）にはかつて銅山があり、そこを流れる金谷川上流部では江戸時代初期まで銀を産した[3]。上斎原村の金石では鉄鉱石がとれた。吉井町には、金井谷、金穴、金山、金岩、金代黒、金黒畑、金窪、金堀などの地名があり、製鉄と鍛冶に由来している。吉永町を流れる金剛川の北岸に金谷、金彦神社があるが、この地には銅山があった。

吉井川流域ではないが、鳥取県日野郡楽々福《ささふく》神社はたたらの神をまつっている。「楽々」は砂鉄を意味し、吉備配下であったとされる楽々森《ささもり》彦の名もたたらと関連づけられている。津山市の大佐々神社や赤坂町の笹岡は砂鉄の採れた場所であろう。

山陽町には仁保《にぼ》と二井の地名がある。

金屋は上に書いたように金物を扱う鋳物師の拠点のあった場所と考えられる。

② 採掘現場を示す地名

「堀」は砂鉄を得るために風化花崗岩を掘る、あるいは銅などの鉱石を掘ることにつながり、そのままで採掘の場所を意味する。津山市堀坂、勝田町荒堀、吉井町の仁堀《にぼり》、熊山町の金堀があげられる。中央町打穴のように「穴」もまた鉱山や鉄穴に通じる地名である。

③ 鞴《ふいご》に関係する地名と寺社名

「鉄山必用記事」には「凡タタラとは、ふきかわりの事也。元来タカトノなり、祭文に火のたたらとあり。今以、鋳物師方には、正しく唱、ふきをばタタラという、小屋をば小屋と云ふ也」とある。「福」および「吹」は、ふいごを吹くことにつながり、金属の精錬や鍛冶に関係ある地名と考えられる。そして福のつく地名は、吉井川流域では偏在する傾向にある。以下三つの地域の福地名分布を下および次のページに図示しておく。

④ 鍛冶屋、梶のつく地名

これらはいうまでもなく鉄製品を作っていた場所である。瀬戸町の鍛冶屋、吉井町是里《これさと》梶屋、佐伯町宇生《うぶ》の梶井などである。

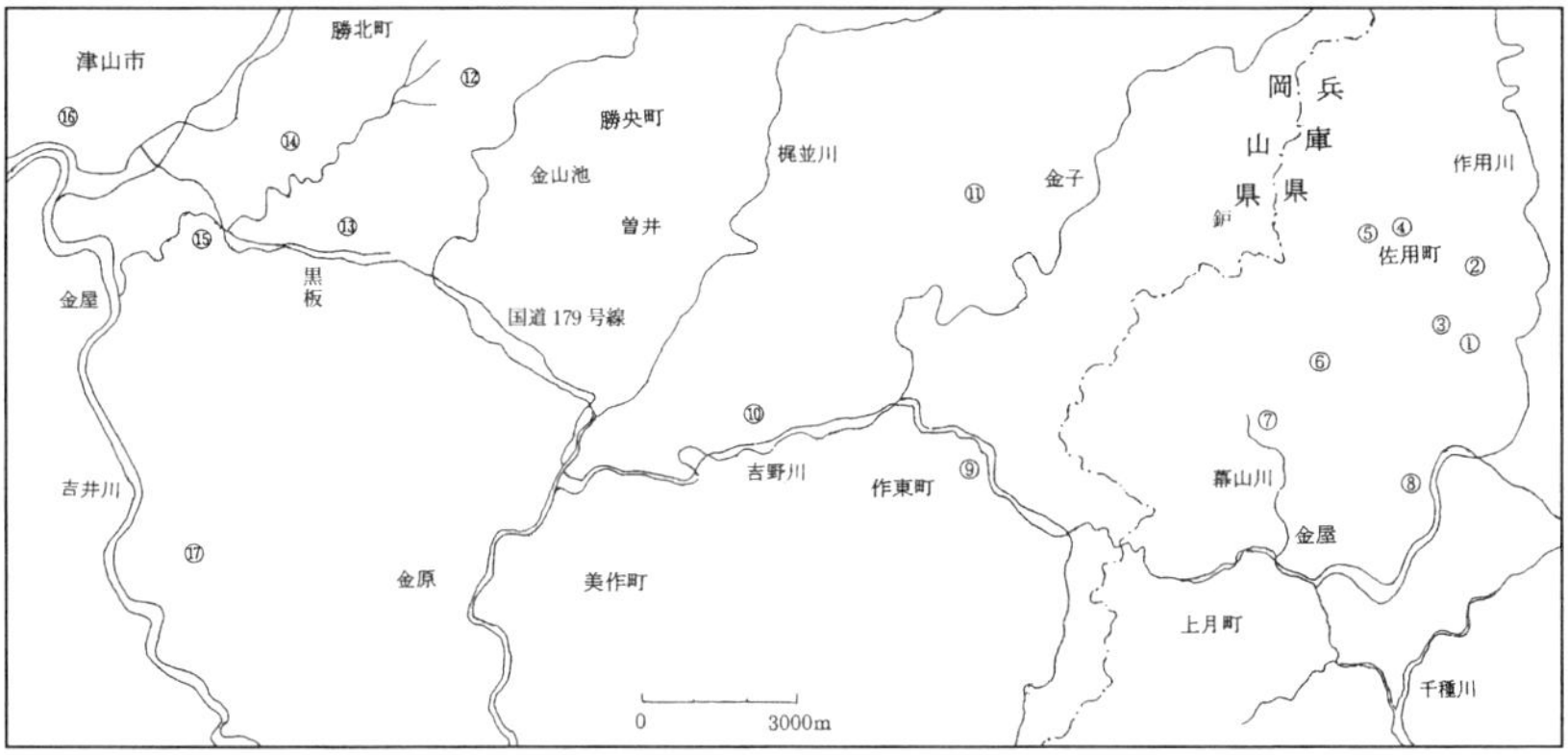

地図1　①福沢、②平福、③福澤神社、④富福、⑤豊福、⑥福中、⑦福吉、⑧吉福、⑨上福原、⑩平福、⑪円福寺、⑫万福寺、⑬福吉、⑭福井、⑮福力、⑯高福寺、⑰書福

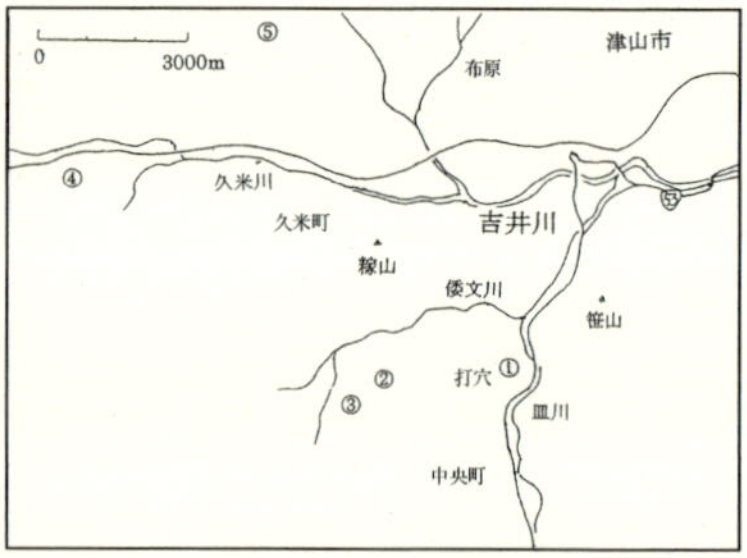

地図２　①福田、②福田下、③福田上、④福本、⑤福泉寺

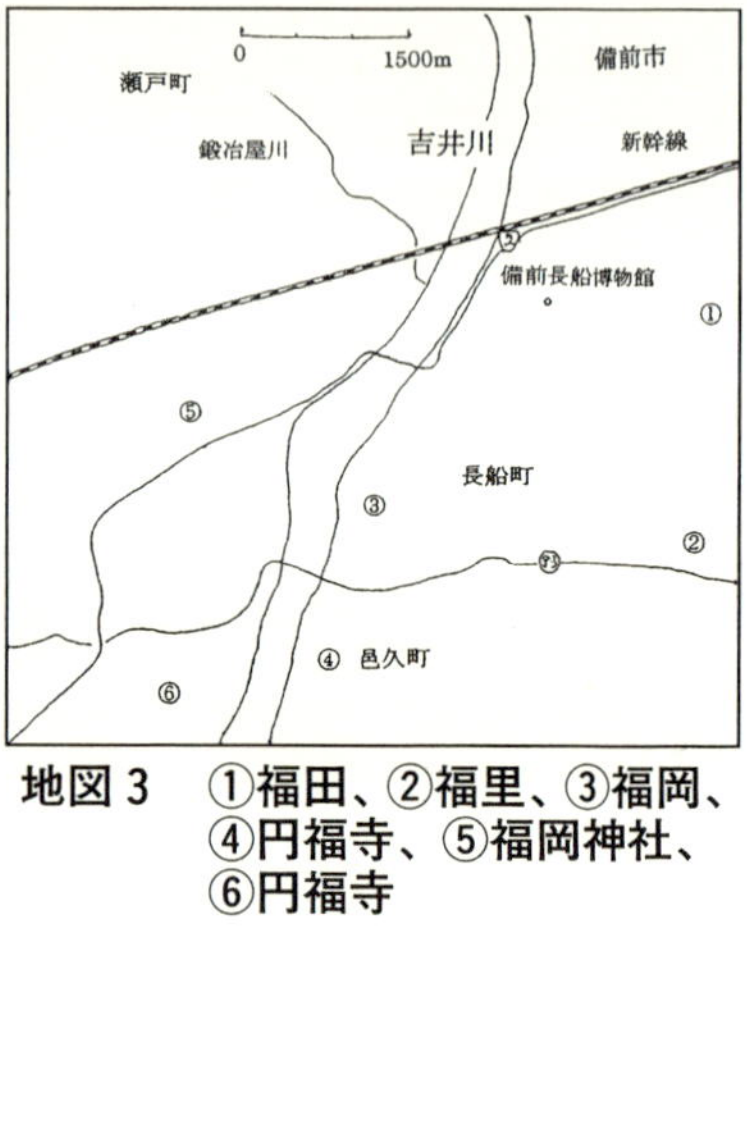

地図３　①福田、②福里、③福岡、④円福寺、⑤福岡神社、⑥円福寺

前のページの地図１は、国道179号線の南北に多くの福地名が分布することを示す。

上の地図２は、津山市から西にかけての吉井川とその支流域である。稼《すくも》山は物部肩野の家があったという伝承が残っており、6世紀からのたたら遺跡が発見されている。

地図３は長船周辺であり、吉井川の対岸にも福地名が見られる。

⑤　金属製品の名称および産業廃棄物である鉄滓が地名になったもの製品の種類を示す、吉井町の釜底や小鎌、鏡野町の鏡野、吉永町加賀美、鏡野町布原（「布」は中国古代の貨幣の一種で、日本でも貨幣を意味したと思われる）などがあげられる。そして鉄滓《てっさい》については、美作町下大谷村に見られるように小字名として多い「金屎《かなくそ》」である。

⑥　その他にも、精錬炉を指す「鈩《ろ》」、たたらにつながる赤坂町の多々原、砂鉄の色を表す「黒」（金屋子神は出雲国西比田村の黒田に降りたとされる）、丹ないしは「赤」という色のついた地名、そして吉井川流域ではないが、備前市の鬼ヶ城池のように「鬼」の伝承があることを示す地名もつけ加える必要がある。

　こうした金属精錬や金属製品製造に関連した地名を地域ごとにまとめ、表にしたものを本稿の末尾に付け加えておく。

金属生産に関係の深い信仰

金屋子神

近世において、製鉄や鉄製品の製造にたずさわる人々が信仰の対象にした神々のうちで、最も身近に祀られていたのは、中国地方の場合、金屋子神であった。鳥取県日野郡の出身である下原重仲の記した、「鉄山必用記事」（一七八四年）の冒頭にある「金屋子祭文・雲州非田ノ伝」には、出雲の比田にある金屋子神社に伝わる祝詞があげられている。このなかで、金屋子神は、金山彦が求めた天ノ目一箇ノ神と同じ「作金神《かなたくみのかみ》」であることが述べられ、金屋子神自らの由来だけでなく、製鉄を行う環境、様々な作業工程、役割、重要な道具や装置に関係する、一五〇あまりの神々や眷属《けんぞく》を天下らせたとある。金屋子神は従ってこれら数多くの神々の代表、もしくは総称であるとしている。実は、製鉄に密接に関係するこれら多くの神々の総称である点にこそ、金属精錬一般に関係する金山彦神や金工の神である天ノ目一箇ノ神（アメノマヒトツノカミ）との違いがあると言って良い。近世のたたら製鉄は天秤鞴の発明により大きく生産を伸ばした。技術体系が細かく複雑になっただけでなく、分業も明確化していった。古代から、金属の精錬一般の神であった金山彦神や、そのあとで信仰されるようになった天ノ目一箇ノ神には付与されなかった属性が、この技術体系や分業システムに対応した金屋子神に与えられていたといえる。

祭文に挙げられている神々は、高殿の四本の柱を護る句句迺馳神《くくのちのかみ》、金山彦、日神月神の四神、様々の道具と化す七五の童神、火宇内板（高殿の通風孔の二八枚の板）を護る二八宿ノ星神、登桟子《のぼりさんし》は三六鬼、高殿の七五本の柱は七五神、釜（調理場）は垣山姫、風穴は天津児屋根命《あまつこやねのみこと》、喜路（炉の送風管）は大山祇命《おおやまつみのみこと》、鞴《ふいご》は風の神の級長津彦《きゅうながつひこ》と級長戸邊命《きゅうながとべのみこと》、宇成（給仕係の女性）は姫蹈鞴五十鈴姫《ひめたたらいすずひめ》などである。

出雲の菅谷は復元保存された山内（たたら製鉄の村）だが、ここでは炉のある高殿の中や村下の家の中に金屋子神の神棚が設けられているさまを見ることができる。つまり毎日のように手を合わせ祈るための祭壇であった。金屋子神が多数の、生活に密着した神々をまとめる神格だからこそ、身近にまつられたのである。吉井川流域であれば、西粟倉村の栄昌山のたたらあとに祠が残り（写真1）、明治に入っても製鉄が続いていた上斎原村遠藤では、今でも集落の氏神である（写真2）。長船の刀剣博物館でも、鍛冶場に金屋子神の神棚が再現されている。しかし現場の仕事場に祠や神棚が設けられ、あまりにも身近な信仰対象であったがゆえに、たたら製鉄の消滅は信仰の消滅を意味した。人影の無くなった多くの生産現場あとに繁る草木のなかに、その祠ごと忘れ去られてしまった。

他の信仰との関係

「鉄山必用記事」には「炉の内外に祭られる神々」があげられている。金

写真１　西粟倉村永昌山たたら跡の金屋子神の祠

写真２　上斎原村遠藤集落の金屋子神社

屋子神は祭っても天目一箇神は祭らない鉄山師の存在が記されているのは、祭文に従えば、もともと同じ作金神《かねたくみのかみ》で、後者への信仰が薄れたからこそ、前者が登場したのであり、より新しい、生活に密着した神格に信仰を集中させている様だと解釈できる。

水神は「ツイバ（井戸や池のこと）の金屋子神」と呼ばれ祟りの強い神であること、山の神は山内を出たところにある小高い森に祭られていること、火神として炉の近所の小高いところに軻遇突尊《かぐつちのみこと》をまつり、また当時は沖津彦・興津姫を愛宕山権現《あたごやまごんげん》として祭ることが慣わしとなったと記されている。

出雲地方に今も保存されている菅谷という山内では、高殿の背後の山を少し登ったところに、天王社、金比羅社、秋葉社、愛宕社がまつってある。天王社のみが、この村でタタラが始まる以前から信仰されていた。また秋葉社と愛宕社は火の神だとされている(4)。明治時代に地域の多様な神々が主要な神社に合祀される以前は、このような基本的な神々が、それぞれ、集落内外の別々の空間に祀られていた。

出雲各地に伝わる絵図には、金屋子神が狐に乗っている様が描かれているものや、三宝荒神《さんぼうこうじん》の姿に描かれているものがある。まず稲荷がダキニ天のように狐にのっている図(5)は、稲荷神が古くから鍛冶師や鋳物師の信仰の対象であったと同時に、出雲地方では稲荷信仰を金屋子神信仰に取り込もうという意図も感じとれる。能楽「小鍛冶」のなかでは、平安末期の刀鍛冶、宗近が勅命を受けて刀を打つ際に東山の稲荷明神が少年の姿で降りてきて助ける。本来稲作の神である稲荷神が鉄関連産業の職人達に信仰されるのは、鉄の農具が農耕に欠かせないこと、実際には農閑期に農民が鉄穴流《かんな》しなどに雇われていたこと、そして、地域によっては鉄ないしは鉄製品産地でも稲作が行われていたことによるであろう。従って鉄や鉄製品の生産地で稲荷神が信仰されるのはむしろ当然である。しかし稲荷信仰を金屋子神信仰の側にとりこもうという姿勢は、日本で最も良質の玉鋼《たまはがね》の生産地となった出雲地方に独特の現象かもしれない。

恐ろしい形相をした三宝荒神の姿をとって鬼を従える金屋子神の図は西比田の金屋子神社には残っているが、むしろ出雲地方の外で多く残されている。火の神である三宝荒神との習合は、鬼伝説を各地に残す文化と結びついている。修験者の祖である役行者《えんのぎょうじゃ》は鬼を従えていたとされるように、修験道や山岳信仰の文化のなかで形成された観念であろう。金屋子神は金屋荒神であったとする考え方は、こうした文化の流れが近世までの鉄産業に根付いていたことを前提にしている。

仏教との関係はより複雑である。そしてこの方面の研究はまだ少ない。何度も言及している「金山必用記事」の中で下原重仲は、「金屋子神は西方寶金をつかさ取り給えば、元来阿弥陀如来にてましますゆえに、持ちたり給う鉾は、則、利釼なりなどと云。又は辨才天にてましします、観音さつたにてましします、あるいは福神也と申て両部の相受念仏を申、數珠をすり拝む事になり。(6)」とある。

仏教の普及につとめた聖徳太子の右腕として活躍した秦河勝《はたのかわかつ》は、各地に寺を建立したが、古代の布教活動は有力氏族が資金を出して寺を建立するかたちで行われた。また行基、空海、最澄、吉備の賀陽氏の出である栄西といった僧は、大陸から持ち帰った様々な技術をたずさえて地方をまわり歩き、耕地の開拓や整備を手がけることを、寺の建立と並行して行った。寺の建立や地域開発には必ず鉄をはじめとする金属が必要であり、その生産技術をもつ人々の協力を得て、あるいは自身で直接技術指導をして、拠点作りを進めていった。人口が増えれば、専業の鍛冶屋が定着し、資源がみつかれば鉱山開発も行うようになる。中世には、鐘を製作するため鋳物師が地方の寺に呼ばれていった。また資源探査には天台系あるいは真言系密教を信奉し、山から山を渡り歩く修験者が活躍した。東粟倉村の後山《うしろやま》は修験道の聖地であるが、産鉄地でもある。ここに限らず、古刹、山の聖地は金属資源地のそばにあることが多い。そのような意味では、神道よりむしろ仏教と修験道のほうが金属生産と深いつながりを持つかもしれない。ただし、三宝荒神の姿をとった金屋子神が修験道の影響であることは確かでも、特に金屋子神の信仰に限れば、これが直接仏教に結びついた形跡はないといってよい。ただ、さきに引用したように、神仏習合の歴史は長く、金屋子神もやはり両部神道を媒介として、仏教的な秩序に組み込まれることができたのであり、山を生活圏とする人々には択一的な宗教観がなかったことは確かである。

おわりに

吉井川流域の金属関連産業にかかわる信仰に関して、備中や備後と比較して、明確な特徴を見出すことはできない。しかし、播磨地域から出雲に至る街道が美作を通っていたことは、古代から中世に至る鉄生産に関係するこの地域の文化に大きな意味を持ったといえるであろう。

金屋子神は最初宍粟《しそう》郡千種《ちくさ》に降り、そこからまた白鷺に乗って出雲の西比田に至ったという伝承は、間にある美作の地域、吉井川上流域をなぜ飛び越えてしまったのかを考えさせる。生産される鉄は、千種鉄や出雲の玉鋼というブランドに比べて、特徴がはっきりしなかった。また、水、森、砂鉄という資源の状態、鉄山師、農民や領主との関係が鉄産業にとって良好であるかどうかも、この地域で生産された鉄がひとつのブランドとならなかったことに影響したことは確かである。しかし、吉井川流域は鉄だけでなくその他の金属の生産も活発であったし、長船は刀剣の生産において今日まで伝統を伝える中心地でありえた。金屋子神の信仰をはじめ、鉱業や金属製品生産に関わる信仰が吉井川流域から消えていったのと比較すれば、大きな地域名はおそらく古代からのものも含めてよく残っているといえる。しかし小字名のレベルでは、正式な土地台帳に載らなくなれば、消えていくしかない。詳細な地名の調査が期待される所以である。

市町村名	金のつく地名	福または吹地名	笹その他	備考
上斎原村	金屋子神社（遠藤）、金吉山、栄金山			1
奥津町	*金今神社	*福見、*福見山	*上阿曽、*黒木	
鏡野町	金剛頂寺	福泉寺（河本）	*赤山谷、*赤野	
加茂町	*金山、*白金山、金龍寺	真福寺		
阿波村	金屋寺	高福寺		
勝北町	金森、金剛山			
奈義町	金面、*金山谷	*福元		
勝田町	金原		荒堀	
西粟倉村				2
東粟倉村	赤金山		天一神社	3
大原町	金谷、金龍寺			
作東町	金子、*金戸、*金生山		鉐、*仁の坂、*梶原	
美作町	金原	中福		
勝央町	金山池	福吉、万福寺		
津山市	*金井、*金屋、*蟹子川	*福井、多福寺、万福寺、高福寺	*梶原、掘坂、大佐々神社	
久米町	*鉄山、*金堀山	福田、*福本		4
柵原町	*金堀、*金徳、*金鉱山	*福谷、*福長	*カンジャ	5
英田町	*金合、*金郷	福本、長福寺	*鍛冶平	6
吉永町	金谷		*笹目	
和気町		福富		
佐伯町	*金谷裏、*金田、*金所、金子山（熊山町との境界）		*多々羅井、*梶井	
吉井町	*金井谷、*金堀、*金山、*金穴、*金黒田、金勢大明神、など多数	福田、高福寺	*仁堀	

市町村名	金のつく地名	福または吹地名	笹その他	備考
熊山町	*金子山、*金山、*金堀、*金木山、*金谷	*山吹、*福本	*梶久、*鬚多羅、*かにか谷、*かじ林	
赤坂町	*金屋、*金重、*金ヶ平、*カネイバ	*福井、福井神社	笹岡、*多田原	
山陽町	*金合		*仁保、*仁井	
瀬戸町	*金山、*金田、*金井、*金くそ、金剛童子		笹岡、*鍛冶屋、*多々原 *鍛冶久、*鍛冶屋ヶ池、*多田原	7
備前市	*森金、*金黒	*福田、福神社、福石、*福井	鬼ヶ城池	
長船町		福里、*福里		
岡山市の一部	金岡、金田	福治、福田、福富、福岡神社、平福、福島、福浜、円福寺	*鉄	8 9
邑久町		福元、福山、円福寺、*福谷	*仁生田、*鍛冶屋谷	

* 印は『神社と鉄についての調査報告』（山陽放送学術文化財団・リポート別冊、1983）に載っている地名。

1 遠藤では、明治末洋式製鉄方法が導入されるまで伝統的方法で鉄が生産されていた。最終的には吉井川流域で、確認された鉄穴場は上斎原村では大変広い範囲にわたっている。またそれらは近世に入ってからのものではないかといわれている（上斎原村史p.334～335）。

2 永昌山のたたら跡が有名。

3 天一神社はたたらの神である天目一箇神（あめのまひとつのかみ）を祭ったもの。

4 稼山には中山神社の伝承に関係する物部肩野乙麿が居を構えていたという伝承がある。
多数の製鉄遺跡も見つかっている。

5 柵原鉱山の操業開始は1884年であり、その硫化鉄鉱は鉄よりむしろ硫酸の原料として重要であった。

6 福本では中世以前にさかのぼるらしい製鉄遺跡が発見されている。

7 金山のとなりには畑、またこのあたりは弓削地区であり、1954年まで和気郡熊山村であった。

8 長船の北には金山、東に福田、南東に福里、南西に福岡があり、どれも長船地区を中心として半径3km以内である。

9 鉄（くろがね）は砂川の水系であり、吉井川流域ではない。ここにはたたら遺跡がある。

〔注〕

（1）飯田賢一・田淵実夫編『日本庶民生活史料集成第十巻、農村漁民生活』三一書房（一九七二年）

（2）山陽放送学術文化財団・リポート別冊「神社と鉄についての調査報告」（一九八三年）

（3）『岡山県の地名』（日本歴史地名体系三四）平凡社（一九八八年）

（4）島根文化財愛護協会『菅谷鑪』（一九六八年）

（5）金屋子神話民俗館（広瀬町）『絵図に表された製鉄・鍛冶の神像』（一九九四年）

（6）『鉄山必用記事』（『日本庶民生活史料集成第十巻、農村漁民生活』五四九頁）

八　吉井川流域神社の分布について

―データベースによる初歩的研究―

岡山には東から、吉井川、旭川、高梁川の三つの大きな河川が南北に流れ、古来より、この河川に沿って人々の生活が営まれてきた。特にその中でも、吉井川は、多くの支流を持ち、広い流域を形成している。

一方、日本では、歴史の黎明期から現代に至るまで、人々は自分たちの生活の繁栄を願って、あるいは故人の御霊を鎮めるために、多くの神社を造り、祀ってきた。それぞれの神社に祀られる神々は様々で、しかし、祭られる神は、奉る人々の思いをそのままに反映する。したがって、どこにどのような神社（祭神）があるかということは、その神社を祀る地域の人々が、どのような生活をしていたかということを、間接的に物語るのである。そのため、歴史学や民俗学の立場からなど、いままで多くの研究が行われ成果をあげてきた。しかし、ある特定の地域に存在するすべての神社を網羅して研究するということは、いままでなされたことがなかった。

ここでは、まず、吉井川を含む、岡山の三大河川流域にある神社をデータベース化し、吉井川流域神社の分布について見てみたい。

データベースの作成

位置情報の収集

まず出発点として使用したのが、岡山理科大学卒業生である田中孝幸の卒業論文「岡山県下の神社データベース」で作成された、国土地理院発行二万五千分の一地形図（以下、国土地理院地形図）への神社位置の書き込みである。田中が使用した国土地理院地形図は、昭和六二年二月二八日発行のものから平成一〇年一〇月一日発行のものまでとばらつきがあり、また神社の記号（⛩）は書かれているものの、ほとんどに神社名が記されていないため、田中は、昭文社発行の『岡山県広域・詳細道路地図—県別マップル33—』（二〇〇一年版）によってこれを補った。さらにこれにより、国土地理院地形図には記録されていない神社も多数見出されたため、それも地形図上に書き込んでいる。

しかしこれでもなお、社名のわからないものが多数存在したので、今回はさらに、ゼンリン発行の『ゼンリン電子地図帳Z［zi:］Professional2 CD全国版』（二〇〇二年三月発行）（以下、ゼンリンZ）と、同じくゼンリン発行の『ゼンリン住宅地図』シリーズ（以下、住宅地図）によって補った。

表1　データベースの構造（一部・改変）

川Ⅰ	川Ⅱ	川Ⅲ	川Ⅲ	川Ⅳ	川Ⅴ	地名	神社名	祭神	区分	地図名	緯度	経度
吉井川	吉野川	#	#	#	#	英田郡西粟倉村段	入江神社	大己貴大神	065	坂根	E134° 20' 55.42"	N35° 12' 35.15"
吉井川	吉野川	#	#	#	#	英田郡西粟倉村坂根	金毘羅宮	大物主命　大己	027	坂根	E134° 20' 09.50"	N35° 12' 00.01"
吉井川	吉野川	#	#	#	#	英田郡西粟倉村猪之部	猪之部神社	大國主命	064	坂根	E134° 20' 25.06"	N35° 11' 15.95"
吉井川	吉野川	#	#	#	#	英田郡西粟倉村影石	影石神社	大己貴命　須勢	064	坂根	E134° 20' 09.97"	N35° 11' 04.99"
吉井川	吉野川	#	#	#	#	英田郡西粟倉村影石	天岡神社		065	坂根	E134° 20' 26.27"	N35° 10' 56.66"
吉井川	吉野川	(不明)川	#	#	#	英田郡西粟倉村影石	景清神社		065	坂根	E134° 20' 33.71"	N35° 10' 41.57"
吉井川	吉野川	#	#	#	#	英田郡西粟倉村関谷	大社神社	大國主命	035	坂根	E134° 20' 24.86"	N35° 10' 31.05"
吉井川	吉野川	引谷川	#	#	#	英田郡西粟倉村長尾	威徳天満宮	オオナムチ	040	坂根	E134° 21' 18.25"	N35° 10' 13.94"
吉井川	吉野川	引谷川合流	#	#	#	英田郡西粟倉村長尾	粟倉神社	オオナムチ	064	古町	E134° 20' 22.09"	N35° 09' 40.31"
吉井川	吉野川	後山川	#	#	#	英田郡西粟倉村桐尾	伐開神社		065	古町	E134° 20' 01.93"	N35° 08' 49.76"
吉井川	吉野川	知社川	#	#	#	英田郡西粟倉村知社	岩瀧神社	木花開耶姫命	065	古町	E134° 19' 27.23"	N35° 09' 09.76"
吉井川	吉野川	知社川合流	#	#	#	英田郡西粟倉村筏津	王子権現		014	古町	E134° 19' 30.21"	N35° 08' 55.84"
吉井川	吉野川	後山川	#	#	#	英田郡西粟倉村野原	天一神社	大之御中主神	065	古町	E134° 21' 22.76"	N35° 08' 35.74"
吉井川	吉野川	後山川	#	#	#	英田郡西粟倉村吉田	吉田神社	大己貴命	064	古町	E134° 20' 55.45"	N35° 08' 01.21"
吉井川	吉野川	#	#	#	#	英田郡大原町古町	八幡宮		044	古町	E134° 19' 53.08"	N35° 07' 27.29"

データベースの構造

データベース作成には、マイクロソフト社のMicrosoft Excel 2000を利用した。項目は全一三項目、まず河川名からはじめた。河川はまた多くの支流を持つので、項目としては、1.「河川Ⅰ」から6.「河川Ⅵ」まで必要となった。なお、神社によっては河川を離れた山中にあるものもあり、それらは適宜、近い水系の上流山中という形で「河川」の項目中に記載した。その後ろに、7.「地名」、8.「神社名」、9.「祭神」、10.「区分」、11.「地図名」、12.「緯度」、13.「経度」を置いた。

「地名」は神社の所在地になるが、これは国土地理院地形図上に書かれた地名によって記載した。「祭神」は、前述の田中が岡山教育委員会『宗教法人名簿』（一九九九年）を基に作成したデータによったほか、若干の現地調査により判明したものを掲載した。「区分」は、八幡神社や荒神社などをおおよそに分類して三桁の数字で示したもので、電子地形図や地質図に神社の位置をプロットした際、一見して神社の種別がわかるようにする目的のものである。したがって、分類そのものと記号には深い意味合いはなく、必要に応じて変えても差し支えはないし、ある神社に一つの区分を与えるべきだと考えられればそれを追加しても、またその逆でもよい。例えば、「039　天神社」は、普通には〝天神様〟を祭ったものと考えられるので、「040　天満宮」と一つにしてもよい。ただ、「天神社」が「テンジンシャ」ではなく「アマツジンジャ」である場合もあるので、現在は便宜上一つの区分として記号を与えているに過ぎないのである。

「緯度」「経度」は、ゼンリンZではカーソルを置いた地点の緯度・経度が自動的に表示されるので、それをカット・ペーストでコピーして掲載した。ゼンリンZに記載されていない神社も多数あったが、その場合は、国土地理院地形図の地点と照らし合わせながら、ゼンリンZ上で適当と思われる地点を指定し、そこに神社記号を書き込むと同時に、その地点の緯度　経度をコピーした。

データベースの概要

前述したように、岡山には、東から、吉井川、旭川、高梁川の三大河川が、県を南北に流れている。そして、それぞれがまた、いくつもの支流を持っている。また、吉井川には千町川と幸崎川、旭川には百間川、高梁川には里見川がそれぞれその下流域で並行して流れている。これらペアの河川では、ある神社がそのどちらの流域の神社としていいか判断しにくいものもある。しかし、データベースとして表に作成するためにはどちらかの川の流域に入れなければならないので、町や字名の変わるところを目安に、どちらかの河川の流域の神社として記載した。したがって当然、詳細なその地域の歴史を調査することなどで、その判断が間違っていた、ということも大いにありえる。そこで、吉井川と千町川・幸崎川、旭川と百間川、高梁川と里見川を合わせてそれぞれ一つのシートに作った。その結果、（現時点で）[1]吉井川（＋千町川・幸崎川）では六二二件のデータが、旭川（＋百間川）では五一五件、高梁川（＋里見川）では九八九件のデータが集録された。

掲載した順序は、国土地理院地形図に記載されている神社を基本にした関係で、県の東から、また北部から南部へ国土地理院地形図を並べた順番に沿っている。したがって当然、例えばある河川の上流から下流へ向かって順番に、という具合には並んでいない。しかし、このデータベースはエクセルで作っているため、一つの川の流れに沿ったようにするなど、研究の目的に合う並べ替えを適宜、しかもそれを瞬時に行うことができるので、エクセル表作成初期の順番にはあまり留意していない。

なおデータベースそのものは、相当な分量であるので、本書には掲載できなかった。著者及び『岡山学』研究会のホームページに掲載する予定であるので、参照して欲しい。

データベースを利用した神社研究について

流域間での特徴の発見

まず、作成された表を利用して行える研究についてである。

エクセルで作成されているため、並べ替えや検索が非常に容易である。そこで、例えば、八幡神社や荒神社など特定の神社ごとの集団だけを表示したり、それらを一覧表にまとめたりすることができる。これについては別稿で述べるつもりであるが、この一覧化によって、吉井川、旭川、高梁川で明らかな違い、つまり特徴を見出すことができたのである。すなわち、吉井川流域に多く見られる神社が、旭川・高梁川ではそれほどないとか、その逆であったりということが見られるのである。岡山は、古くから海〜河川交通を軸に発展してきたが、この流域ごとでの神社分布の特徴はこうしたことによるものなのであろうか。これらのことが何を意味するのか突き詰めていくことで、新たな神社研究の分野・研究手法が開けるであろう。

位置の把握

神社の位置は、もちろん地形図に記されているので、それでわかるであろう。しかし、電子情報化された地図にプロットされたものは、また多くの可能性を持っている。データベースには、緯度経度を入れてあるので、電子地図にそのまま所在地点を載せることができる。

電子地図上に記された点は、多数の神社間の位置関係（図１）が視覚的にわかりやすく図示されるというだけではなく、いくつかの神社が角度何度の関係で並んでいるかを瞬時に図示することができる。三つ以上の神社同士が、直線状に並んでいるかどうかのほか、逆に三〇度や四五度、九〇度など特別な意味を持ちそうな関係にあるものを検索することもできるであろう。あるいは、南北軸や東西軸など方位に対して何度の関係で並んでいるかなどもすぐに知ることができるのである。位置関係の研究としては、出雲大社・（熱田神宮）・鹿島神宮が同緯度・直線上に存在することが指摘されていたり、(2) 京都にある秦氏関係の神社などの位置関係、(3) あるいは古墳・神社群

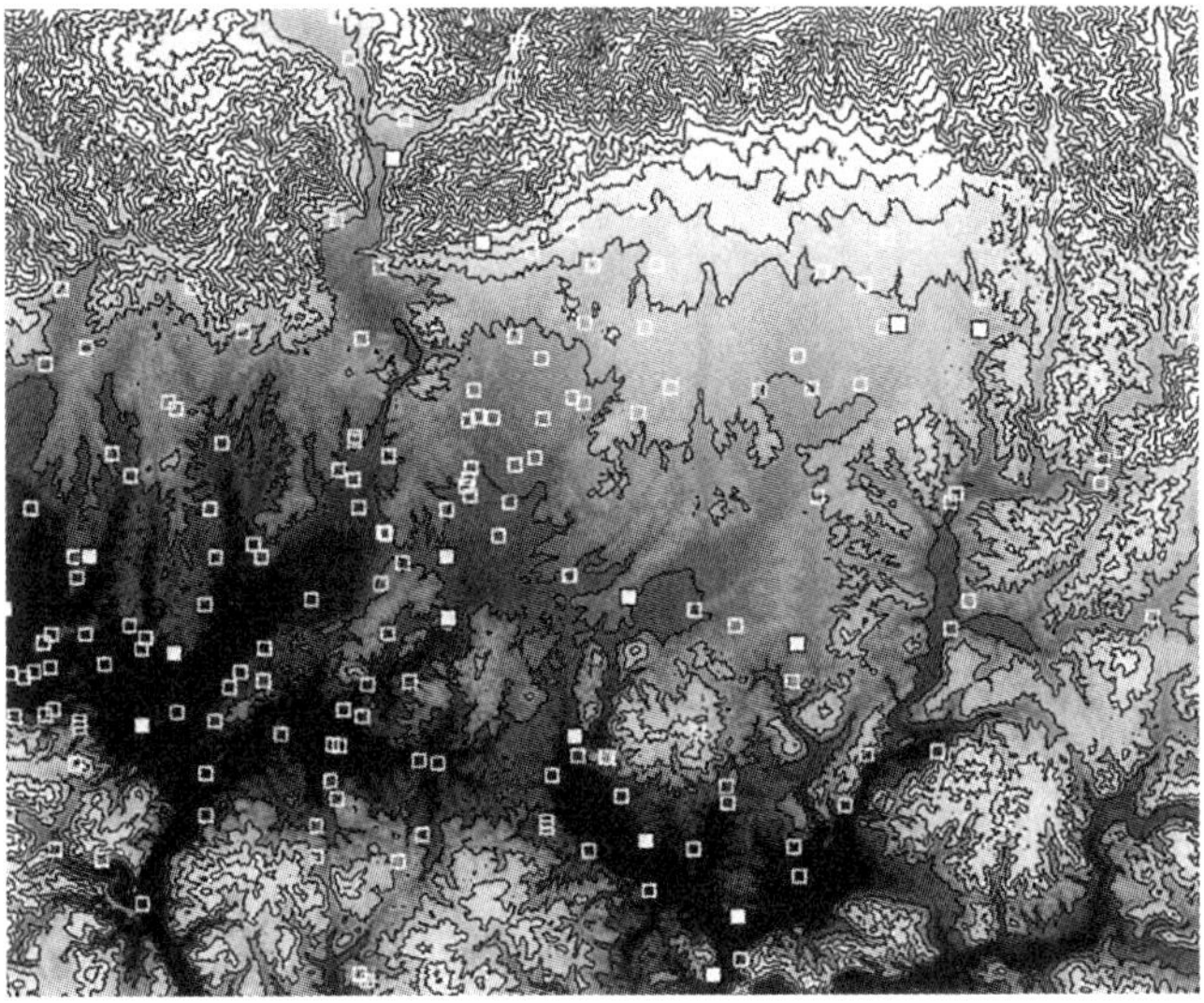

図１　地形図上にプロット

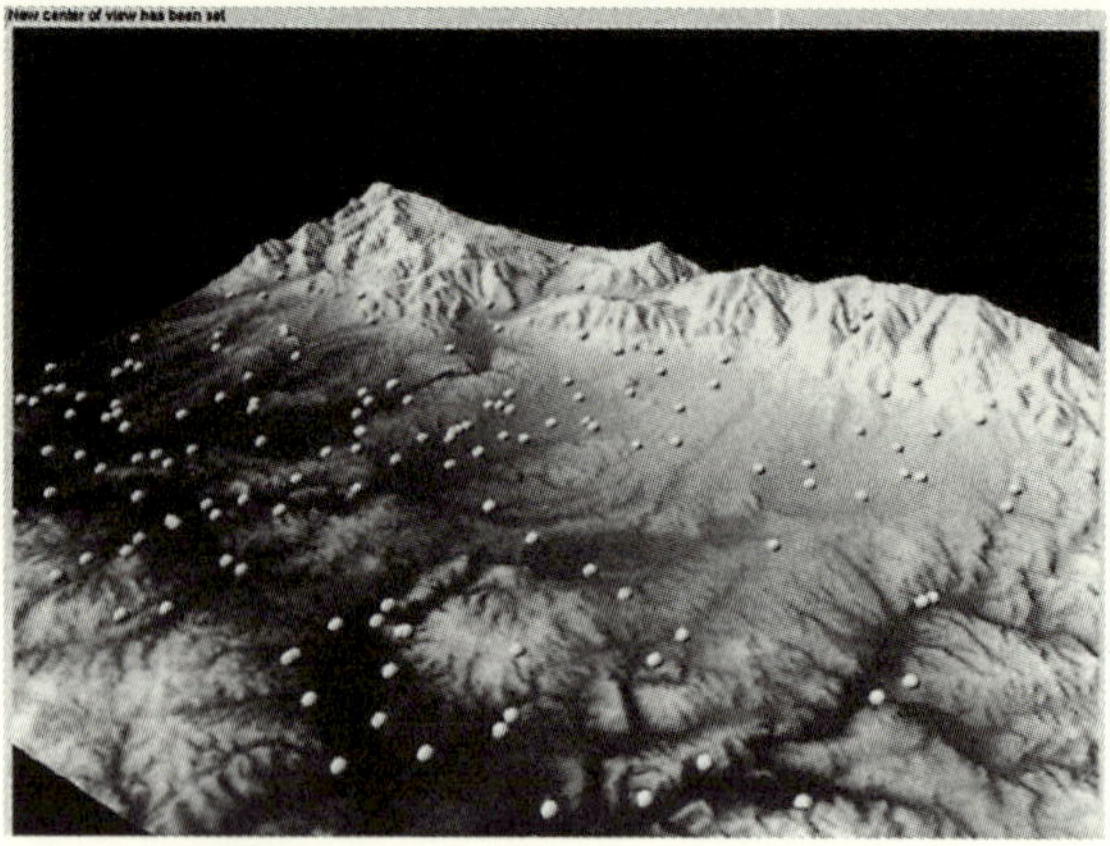

図2　立体表示

の位置関係に一定の意味を見出そうとする研究もある。[4] このようなアプローチに大きな役割を果たすであろう。

また、電子地形図には、立体表示することができるものもある。図2[5]は図1で示した、津山市東部から勝北町・加茂町の地域を立体表示したものである。こうした表示を行うために、この電子地形図には当然標高がデータとして入力されている。したがって、この地図にプロットされた神社は、例えば、所在地の標高をグラフ化することができる（図3）。これを見ると一目瞭然、この地域では、標高二六〇〜二八〇メートルのところにほとんど神社がないことがわかるであろう。これが具体的に何を意味するのかは、今後の研究課題であるが、その二六〇〜二八〇メートルの部分を図示し、その図に神社の分布を重ねたものが、図4である。このようにすると、二六〇〜二八〇メートルの地帯を境界にして、平野部分と山岳部分（滝山・那岐山地域）とに神社の分布がはっきりと分かれていることを見て取れる。さらに左上の円で囲った部分は、天狗寺山・鳥山の山岳地帯だが、全く神社がない。隣接する両山岳地帯でのこの相違は、いったい何に依るのであろうか。ここにも新たな課題が存在している。

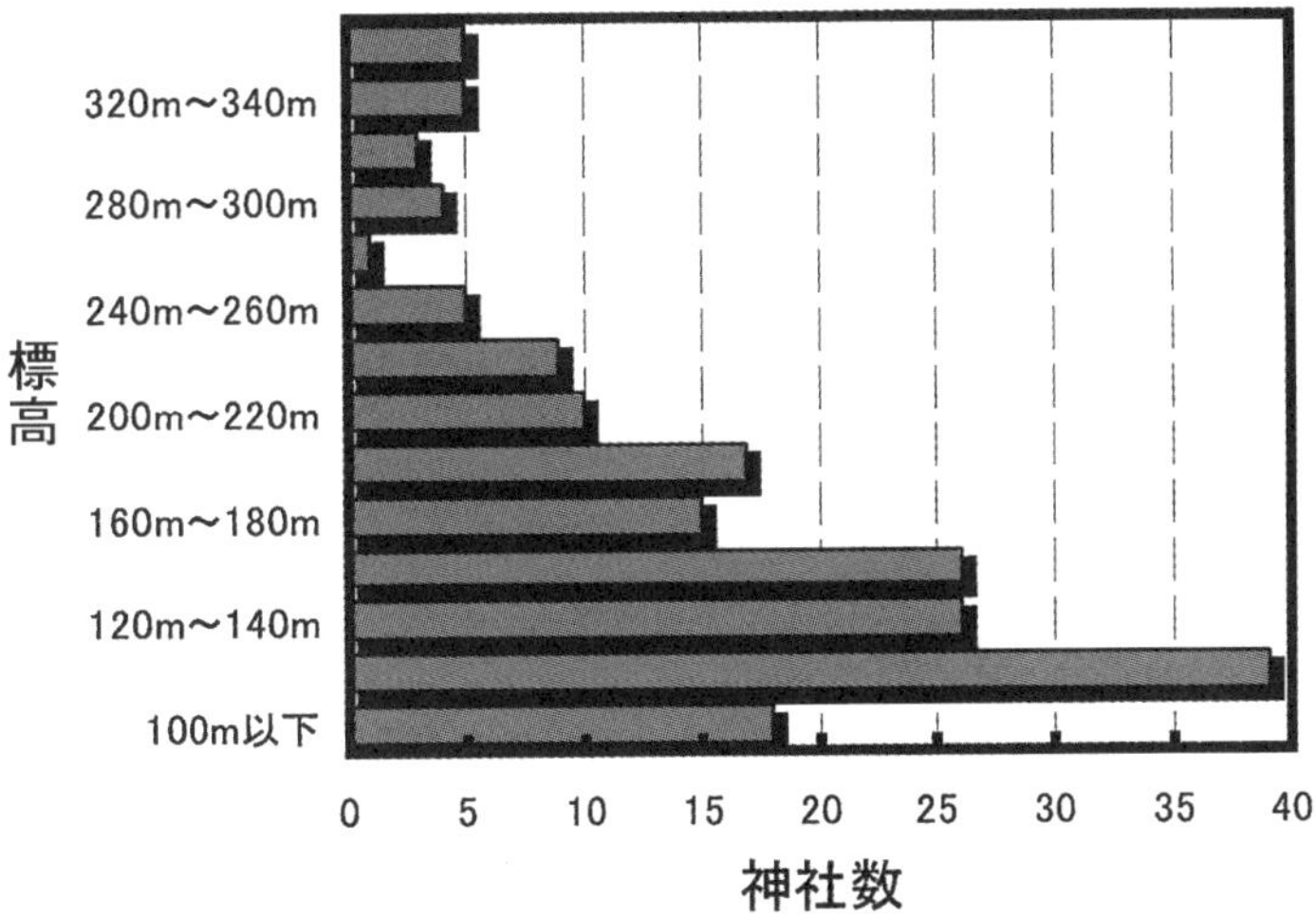

図３　標高と神社数をグラフ化

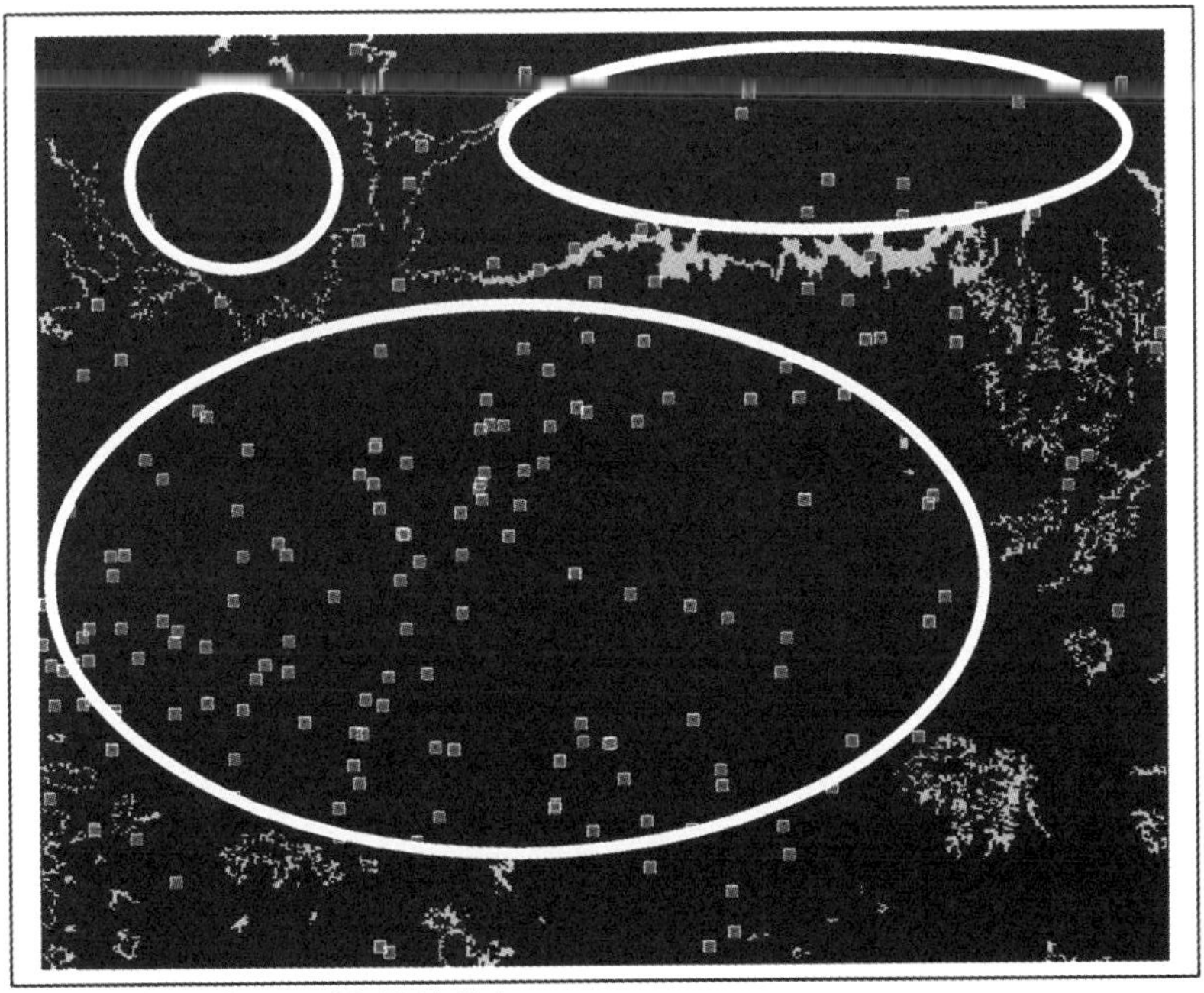

図４　標高のギャップと神社分布

立地状況の調査

すでに地質図や植生図、あるいは地球化学図などさまざまな情報が電子地図化されている。それらはそれぞれをそれぞれの研究者が別個の意図を持って研究、作成したものであるが、当データベースには、緯度・経度の情報を入れているので、これをそれぞれ独自に作成された電子地図の座標系に変換すれば、簡単にそれらの地図上に神社の位置をプロットすることができる。

このことによって予想されるのは、例えば、松田壽男による丹生神社の研究は、一〇年以上にも及ぶ丹念な現地調査を元に丹生神社が水銀と関係があることを明らかにしたが[6]、ある特定の場所に特定の神社が立地していることを、容易に、そして瞬時に知ることができるようになるであろうということである。こうした例は、ひとり丹生神社だけではないだろう。

鉄あるいは製鉄に関しては、かなり多くの研究がなされており、出雲系＝オオナムチ神を祀る神社はその製鉄に関係があるともされるが、逆に、地質との関係からそれと知られていなかった神社が製鉄に関係があったことがわかるなどということもあるかもしれない。図5は、上述の津山東部〜勝北町・加茂町の神社分布を、地質図と重ねる作業中のパソコン画面である。

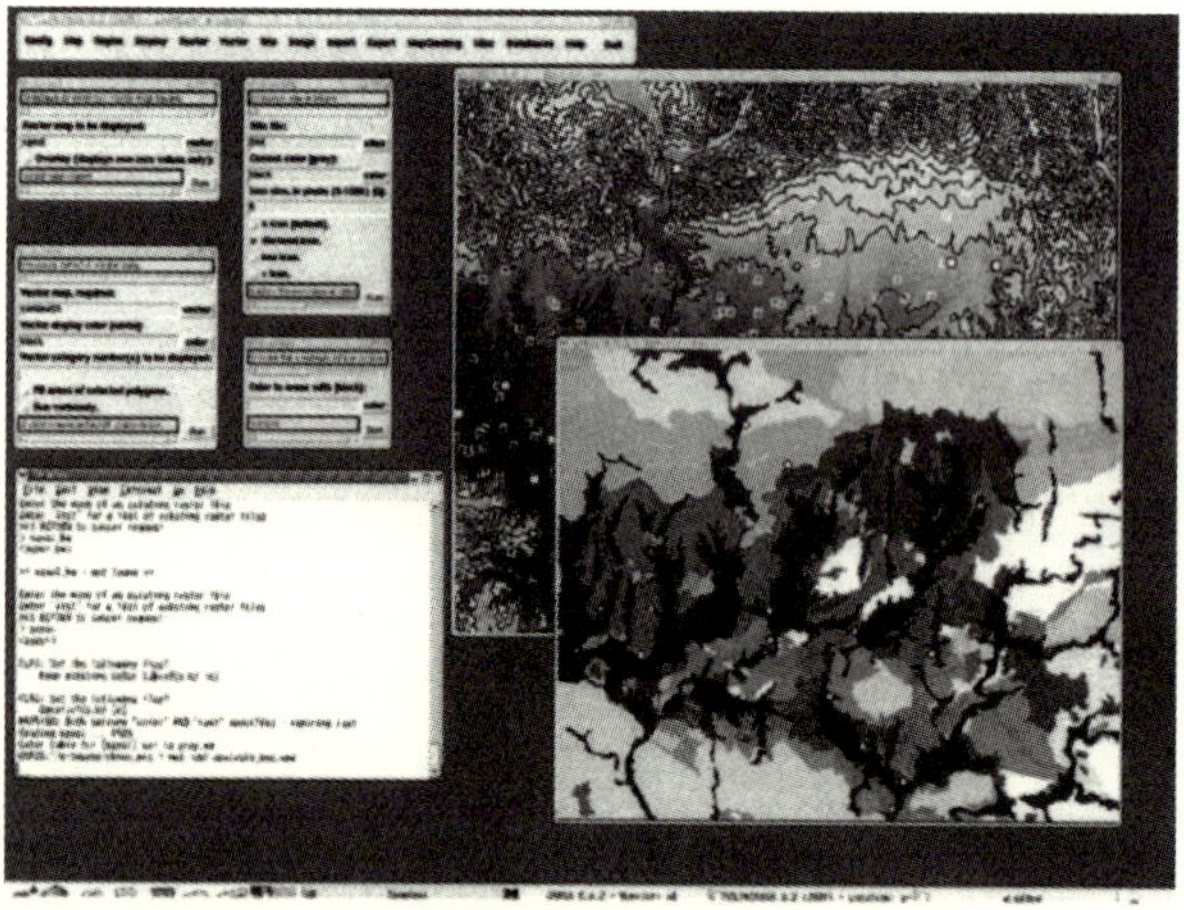

図5　地質図への転載を実行中の画面

これを行うことにより、地質的にタタラを行える場所で、いくつかの神社が分布しているのが容易にわかる。ここまでわかっておれば、例えばある特定の神社とタタラの関係を考察したいというときに、やみくもに神社を調査するのではなく、その地域にまずアタリを付けて調査を始めることができるであろう。

　さらにこの作業の後、地質によって固まっているところ、そうでもないところなどをグラフ化したものが図６である。これによるとそれほど固まっていないところ、つまり地滑りのしやすいところにも神社が造られていることがわかる。実は、地滑りを研究している研究者の間では「地滑り地帯には神社がない」と言われているというのである。神社がそう簡単に壊されては困るからであろう、と半ば常識的に言われてきているのであるが、しかし、電子化された地質図に神社の分布を重ねた結果からは、その「常識」にも新たな問題が潜んでいることが知れるのである。

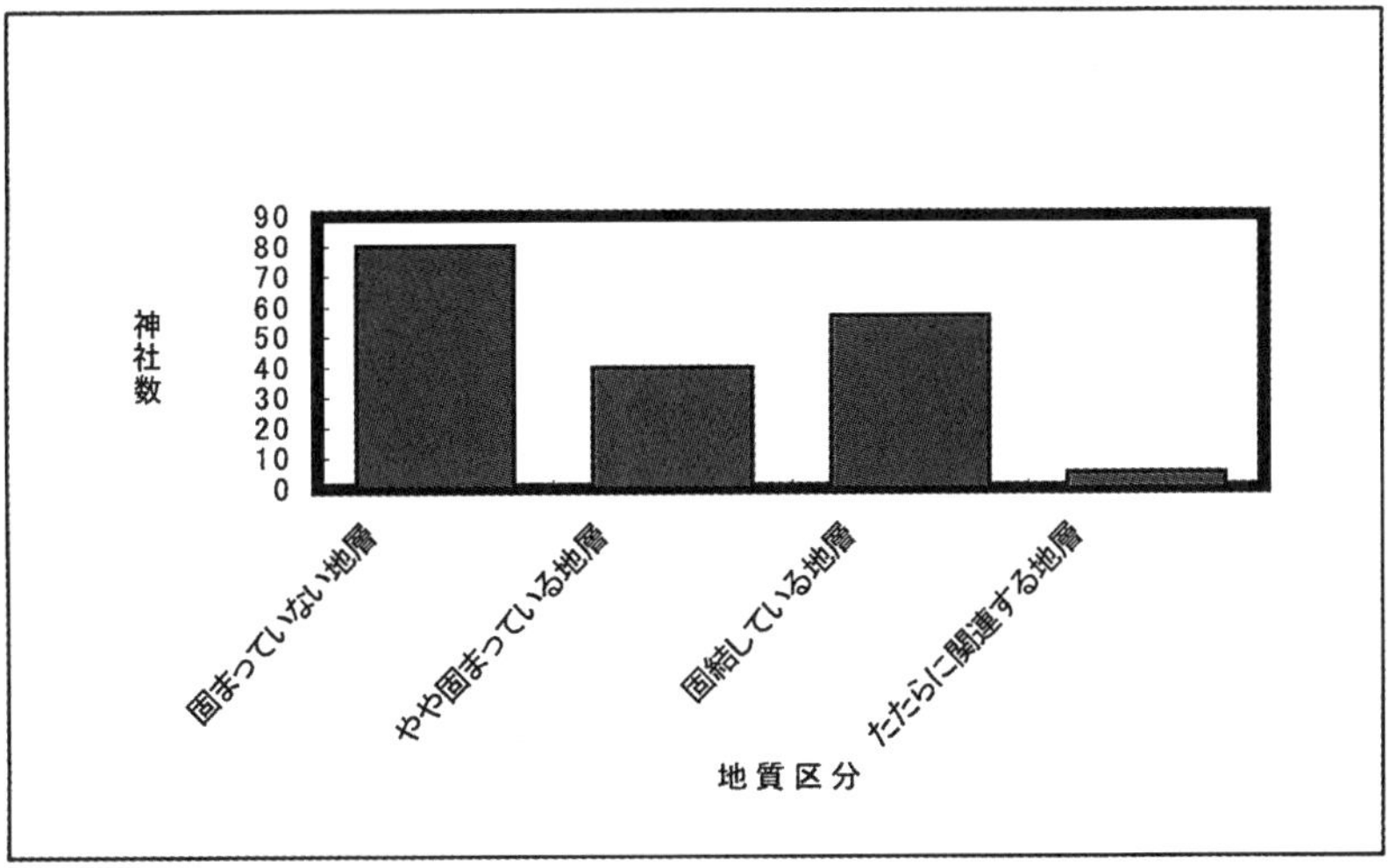

図６　地質別の神社数

吉井川流域の神社

多様な神社とトップ一〇

まず言えることは、その種類の多さであろう。便宜的に付けた「区分」では、三河川において二つ以上ある神社に区分番号を付けてみたが、そこでは六五種を数えることができた。しかしそれ以外で、地名をその名称とする神社六五社を除く、一社しかない神社は吉井川流域には一七二社もある。いかに多様な神社があるかが理解できるであろう。なお、前述したように、吉井川流域には、地図で確認できる神社が六二一社あるが、そのうち九八社が現時点で名称が不明である。

さて、そうした中で、数の多い神社上位一〇種は、誰もがよく聞く神社であり、以下のごとくである。吉井川流域で最も数が多いのは、八幡神社・八幡宮で、七一社（一一・四三%）[7]もある。次は一気に数が少なくなり、荒神社の二八社（四・五一%）となる。以下、稲荷神社二一社（三・三八%）、天満宮（天満神社）・天神社一七社（二・七四%）、金比羅（金刀比羅・琴平・金毘羅）神社（宮）一〇社（一・六一%）、熊野神社九社（一・四五%）、加茂（賀茂・鴨）神社九社（一・四五%）、春日神社九社（一・四五%）、日吉神社六社（〇・九七%）、諏訪神社六社（〇・九七%）となっている。ただし、天神社は「テンジンシャ」ではなく、「アマツジンジャ」と読ませる場合があり、調査によっては上記の数は少し減るかも知れない。これら一〇社で、約三〇%を占めている。いずれも「有名」な神社であり、これが全国的にも同じような傾向にあるのかはわからないが、旭川では三六・九二%、高梁川では三五・八〇%となっており、三河川で比べると、吉井川流域は少な目であると言える。別な見方をすれば、それだけ種類が多様である、ということになるであろう。

	吉井川	旭川	高梁川
八幡神社	11.43%	18.06%	11.43%
荒神社	4.51%	1.75%	13.45%
稲荷神社	3.38%	3.50%	3.44%
天満宮	1.61%	2.33%	1.62%
天神社	1.13%	3.11%	1.31%
金比羅神社	1.61%	0.78%	1.72%
熊野神社	1.45%	3.11%	0.81%
加茂神社	1.45%	2.14%	0.20%
春日神社	1.45%	0.78%	0.40%
日吉神社	0.97%	0.78%	0.51%
諏訪神社	0.97%	0.58%	0.91%
合計	29.96%	36.92%	35.80%

表２　吉井川流域の神社トップ10

つぎにこの吉井川上位一〇社に登場してくる神社を、旭川・高梁川のそれらと比較してみよう。

表２（上記の理由から天満宮と天神社を分けて掲載した）を見ると、吉井川と旭川とでは、稲荷神社を除いてかなり違っていることがわかる。一方、吉井川と高梁川では、一〇社中、八幡・稲荷・天満・金比羅・諏訪の五社がほぼ同じ割合で存在している。八幡などは、全く同じ割合があるということであり、「天満宮」もほぼ同じと言えよう。これは考えてみると驚くべきことである。全く同じ割合であること自体がなかなか起こらないことであろうし、さらに、岡山では東から吉井川・旭川・高梁川と並んでいるのであるから　旭川を挟んで離れている吉井川と高梁川で同じような傾向が見られるということだからである。隣接する地域が同じような傾向を持つというのは考えやすいが、離れた地域がよく似ているということは、今後考察してみる価値はあるであろう。ところが実は、この傾向は、他の神社でも見られるのである。

日吉神社と大山咋神

先述したように、吉井川流域では上位一〇社について、他の二河川よりもその占める割合が小さいので、一〇社各社のほとんどで他の二河川よりも数値が低いが、春日神社と日吉神社はわずかに他よりも多くなっている。このうち、日吉神社の三河川における分布についてを今後の研究課題の一つとして指摘しておきたい。日吉神社は「大山咋オオヤマグイ」という神を祭るのであるが、大山咋は、日吉神社だけで祭られる神ではなく、いろいろな神社でも祭られる。もちろん「大山咋神社」もあるが、その他で代表的なものとしては、山王神社や松尾神社がある。そして、この三社に関して、山王神社が吉井川流域では二社、高梁川に八社（内、「山王日吉神社」が一社、「山王春日神社」が一社）あるものの、大山咋神社・松尾神社は、両河川ともに現在地図上では確認できておらず、旭川にのみそれぞれ一社・四社あるという点である。同じ神を祭るのに、神社名が違うことはよくあることではあるが、吉井川・高梁川では〇であるというのは、際立った特徴だと言えるであろう。松尾神社は酒造りの神としても崇められており、他方、日吉神社は鉄との関連を指摘する研究もある。(8) 流域ないし地域の過去・現在における産業と関連づけつつ研究する必要があるであろう。

稲荷神社

三河川でほぼ同じ割合である稲荷神社についても、二点ほどあげておきたい。一つは、「最上稲荷」についてである。これは足守川流域の備前高松にある日本三大稲荷の一つであるが、その足守川に近い旭川・高梁川流域には一社ずつしかないのに対し、吉井川では四社があげられる。もう一点は、これも三大稲荷の一つである、伏見稲荷であるが、名称に「伏見稲荷」を付けているものが、旭川では〇、吉井川・高梁川では二社ずつであった。同じ稲荷でも、どこから勧請してくるかということは、それらを建てた人々の考え方を反映しているはずで、こうした細かな相違点も注目するべきだと考えている。

これは、同じ祭神でありながら違った名称の神社となっているもの、と言い直してもいい。次には、こうした祭神に注目していくつかあげておきたい。

オオナムチ命・大国主命

まず何よりも吉備の国であげておかねばならないのが、大己貴オオナムチ命・大国主オオクニヌシ命であろう。大己貴命は豊葦原中国を天神に国譲りをして出雲に鎮座した神である。大己貴命と大国主命の関係についてはいろいろな研究があるが、一般の人々にとっては同じ神として認識されていたと考えてよいだろう。そして、吉備地方の村落で祭られる神では、このオオナムチ神が多いようである。大己貴命・大国主命を祭る神社といえば、まずは島根の出雲大社と、その「幸魂サキミタマ・奇魂クシミタマ」を祀る奈良の大神オオミワ神社であろう。大神神社については、吉井川では「美和神社」が二社あり、旭川では「大神神社」が一社、高梁川では「美輪神社」が一、「神神社」が一ある。また、出雲大社は、その分院が吉井川・旭川に各一社あるが、名称に「出雲」を冠している神社はそれ以外には見あたらない。この他に、「大國神社」が吉井川に、「大国主神社」が旭川に、「大己貴神社」が高梁川に各一社ずつある。

このように、代表的な神社である出雲神社・大神神社などは岡山の三河川流域には非常に少ないのであるが、それらとは別に「国司クニシ神社」が多く見られる。国司神社は古くは「国主クニス」と書くことが多く、おおむね土地神・鎮守神として建てられたもののようであるが、祭神は大己貴オオナムチ命・大国主命である。この国司神社となると三河川での分布は見事な違いを見せる。すなわち、吉井川流域ではわずかに一社しかないのであるが、旭川では三社、高梁川にいたっては、一七社もあったのである。ところが、注意すべきは、『岡山県大百科事典』の「くにしさま」の項目では、「分布は美作が濃厚である」としているのである。同辞典では、「共通な点は小祠であること」と言っているので、地図上では捉えきれない「国司神社」がかなり存在しているのだろうと想像される。(9)

これら以外に、吉備各地の荒神社や鎮守にオオナムチ神が祭られているが、これらのいちいちは、このデータベースではわかり得ないことであり、今後の丹念な現地調査で明らかにしていく必要があるであろう。

恵比寿神社

大己貴命・大国主命をあげたので、その子の事代主コトシロヌシ命を祭る「恵比寿（恵美須）エビス神社」にも触れておきたい。もとは漁港で豊漁の神様として祀られ、近世になって商工業者の守護神ともされるようになったもので、旧暦一〇月二〇日に商店街などで行われる「誓文払い」は、この恵比寿神社の祭礼である。これは農村でも普及して、それこそ至る所で祀られているという印象であるが、今回のデータベースでは、ほとんど見ることができなかったのである。吉井川には一社、旭川に一社、高梁川にもまた一社しかない。これもまた地図で確認できない小社がたくさんあることを想定しなければならないであろう。

このほか、事代主命を祭る「美保・三穂神社」が、吉井川に一、旭川に三、高梁川に二ある。また、同じくオオナムチ神の子とされる建御名方タケミナカタを上社に、事代主命を下社に祭る「諏訪神社」は、表2のとおり、数はそれぞれ吉井川六、旭川三、高梁川九である。

素戔嗚尊

つぎに吉備地方で注目すべきはやはり、素戔嗚スサノオ尊であろう。神楽には必ず登場する神であり、荒神社のほとんどで祭られているようだからである[10]。荒神社もまた土地神様であり、吉備地方の信仰を語る上で欠かせないもので、様々な研究がなされてもいる[11]。したがってここでは、データベースによる数値のみを指摘しておこう。表2によると、吉井川四・五一%、旭川一・七五%、高梁川一三・四五%で、数はそれぞれ、二八、九、一三三である。これもまた、地図からだけではわからないものが数多くあるであろうが、それにしても、高梁川流域に多く偏っていることがわかる。その一方旭川には、"荒神は吉備には多く見られる"と言われる割には少ない分布であるように感じる。

荒神社を除いて素戔嗚尊を祭るのは、祇園神社（宮）・八坂神社などである。祇園神社は、吉井川に五社、旭川一社、高梁川五社で、八坂神社は、吉井川に四社あるのに対し、旭川では〇、高梁川に一社であった。一方、「素戔嗚神社」は旭川に六社あるのみで、吉井川・高梁川にはない。ここでも数の上で、吉井川・高梁川が旭川と比べて同じ傾向をしているというものが見られるのである。岡山地方を研究する場合、吉井川と高梁川を共通の視座から見るということはあまりなされてこなかったのではないだろうか。神社分布の様子から、新しいアプローチの可能性が見えてくるのである。

その他

最後に、以上のほかで誰もが一度は聞いたことがあるであろう神社の中で、三河川で違いが見られるものをいくつかあげておこう。

白山信仰に関わる「白山神社」、海上交通の神として有名な「宗像神社」は、いずれも二社が吉井川流域にだけ確認される。特に宗像神社については、これも海上交通守護の神社として有名な「住吉神社」や、「大山祇神社」との対比でも、住吉神社は吉井川に一社のみで、旭川二社、高梁川三社であり、また大山祇神社は高梁川流域だけに三社見られるという対照性があって、おもしろい。ただし、大山祇神は山の神でもあり、注意を要する。明らかに山の神としての大山祇神を祀っているのだろうと考えられる神社としては「大山神社」「山神社」「木野山神社」「木山神社」があるが、これも実はその分布に特徴がある。木野山神社・木山神社は三河川流域ともにあるのだが、大山神社・山神社は旭川にはなく、吉井川・高梁川だけに見られるのである。

他方、吉井川流域では今のところ認められないものとしては、「石鎚神社」、「石鉄神社」、「秋葉神社」、「艮御崎ウシトラミサキ神社」などがある。石鎚神社は、愛媛県の石鎚山信仰が勧請されたもので、先の白山信仰と対比させて考察されるべきであろう。石鉄神社はその石鎚信仰とも関連がある場合もあるようだが、鉄鉱石を強く連想される名称であり、砂鉄を使りタタラ製鉄で有名な吉備の国を考える上で注目されよう。秋葉神社は火除けの神様で、山火事の多い岡山には当然のような神社ではあるが、高梁川下流にしかない。「艮御崎神社」は吉備の一の宮である吉備津神社に伝わる「温羅伝説」に登場する鬼＝温羅ウラを祀る神社で、これが吉井川・旭川に見あたらないことは、吉備国の歴史を考える上で一つの問題となろう。

おわりに

初めに書いたように、ある地域の神社を網羅的にデータベースにして研究するという手法[12]は今までにはなかったようである。今回は、その意味で初めての試みである。したがって、まだまだ不十分なところが多く、先人が積み上げてこられた神社研究に対等すろ成果を上げるにはまだ相当時間がかかるであろう。まだ地図上で神社の存在が記されていながら神社名すらつかめないものも多数残されているし、上述のように荒神社や国司神社、あるいは八幡など地図にすら載せられていない神社が多数あるであろうことが想像されるものもある。これらは今後、現地調査などを通じてデータベースを完成に近づけていくほかはないであろう。とはいえ、データベースにすることで、はっきりと分布の傾向が読みとれるようになったし、様々な他分野の研究成果との融合がかなり容易になるという点で、新しい研究手法が開かれた。吉井川流域の神社分布にも特色を見ることができたであろう。そうした意味で、われわれ『岡山学』研究会が目指している、総合的地域研究にも寄与するものと考えている。これからは、さらにデータを集積する一方で、他分野の成果と重ね合わせる、新しい研究にも取り組んでいきたい。

[注]

(1)「現時点」というのは、二〇〇四年九月現在である。また現時点では、岡山県下の神社に限定したので、支流も含め、広島県を流れる部分の流域は除外した。なお、吉井川・旭川河口の児島湾対岸地域の神社も含めた。

(2)吉野裕子『日本古代呪術』大和書房・古代文化叢書(一九七五年一一月)など。出雲大社と鹿島神宮が北緯35度、熱田神宮は北緯約三六度である。

(3)大和岩雄『秦氏の研究』大和書房(一九九三年八月)など

(4)三橋一夫『神社配置から古代史を読む　古代史の正三角形(I)』六興出版(一九八六年一二月)など

(5)地形図は、国土地理院『数値地図　50mメッシュ(標高)』日本—III　CD-ROM版(一九九七年一一月)を利用して、解析地の最低標高を色番号0の黒、最高標高を色番号255の白で、その間の標高を二五五階調の灰色で表したもの。地質図は、岡山県企画部土地対策課『土地分類基本調査　津山東部』(一九八〇年二月)の五万分の一表層地質図を入力したもの。そして、それらをGRASS(The Geographical Resource Analysis Support System;地理的資源分析サポートシステム)で表示している。神社の位置は、緯度・経度をXYデータに変換して載せている。解析領域は、国土地理院の五万分の一地形図『津山東部』(一九九五年四月)の全範囲である。

(6)松田壽男「古代の朱」(『松田壽男著作集6　人間と風土』六興出版、一九八七年七月所収)

（7）社名の不明な神社も含む
（8）真弓常忠『古代の鉄と神々』学生社（二〇〇〇年九月）
（9）『岡山県大百科事典　上』山陽新聞社（一九八〇年一月）の「くにしさま　国司様」項、執筆担当者、三浦秀宥
（10）荒神社には、オオナムチもまた多く祀られている
（11）神崎宣武『吉備高原の神と人　村里の祭礼風土記』中公新書（一九八三年一二月）など
（12）拙論「古代の吉備における加耶について――吉備・加耶交流史に関する覚書――」（『岡山理科大学紀要』第35号B、二〇〇〇年三月）

あとがき

シリーズ『岡山学』の2をお贈りいたします。

シリーズの1は『備前焼を科学する』と題して、岡山の代表的産物・工芸である備前焼についてまとめました。その後、研究会ではテーマを変えて、岡山に流れる三大河川—吉井川・旭川・高梁川を中心に据えて、その流域を研究していこうということになりました。そこで今回は、その第一弾として、吉井川流域を題材として二年間いろいろな分野の者が集まって研究したものをつづりました。

吉井川といえば、高瀬舟です。しかし、岡山理科大学内には、高瀬舟を研究しているものがいませんでした。そこで、研究会では外部から研究者に参加していただくことにしました。詳しいプロフィールは、執筆者紹介をお読みいただくとして、今回は岡山県の文書館と、岡山市のデジタルミュージアムでそれぞれ研究されておられる方々と一緒に研究し、公開シンポジウムにも出ていただきました。このように、『岡山学』研究会は、岡山理科大学が核となってはおりますが、われらが郷土岡山を総合的に研究するために、大学外の方々にも参加していただき、進めていっております。しかもそれは専門的研究者だけには限っていません。岡山を総合的に考えていくことに興味と知識、あるいは新たな手法をお持ちの方ならば、どなたでも来ていただきたいと考えており、今もさまざまな方に参加していただいて研究をしています。

こうして『岡山学』研究会も六年目を迎えました。この間私たちは、岡山のさまざまな面を見てきました。しかし一方で、理系・文系を越えた、現代風に言えば、理系・文系のコラボレーションによる研究が、十分に進展したかというと、なお自信を持ってそう言えるほどにはなっていないと感じられます。参加する各研究者は、やはり各人の専門研究が優先します。ただ、少しずつではあるものの、融合的な研究をしようという態度や視角は参加者に育っているように思えます。第1回シリーズでご紹介した、実地調査データを電子地図に載せていくという手法は、今回お気づきのように、ごく普通の方法として使われるようになっており、理系・文系それぞれで構築されたデータを重ね合わせて、新しい研究テーマ・視点を探ろうとする試みもなされました。今後はさらに、融合が進み、新しい研究がなされていくものと期待しております。

六年とはいえ、まだまだ研究途上であります。ですから、この本をお読みになってお持ちになったご意見やご質問、あるいは不明な点がございましたら、ぜひとも、お知らせいただきたいと思います。そうしたご質問なりにお答えしようとする過程で、また新たな成果が生まれてくるでしょう。そうして、この『岡山学』研究会を、私たちの岡山を研究するみなさんの「場」となれれば幸いです。

なお、本書は、岡山理科大学の出版助成を得て、刊行されました。また、吉備人出版の金澤健吾氏には、出版に向けてご尽力いただきました。末尾ながら、あわせて感謝申し上げます。

二〇〇四年一〇月三日

岡山理科大学『岡山学』研究会幹事　志野敏夫

■執筆者紹介（執筆順）

能美洋介（のうみ　ようすけ）

一九六四年、福岡県生まれ。岡山理科大学総合情報学部。地形面をコンピュータ上で再現し、それを使った地質や地形の成り立ちについて研究しています。

Yousuke Noumi (2003) Generation of DEM Using Inter-Contour Height Information on Topographic Map. Journal of Geoscience, Osaka City University, 46, 14, p.217-230.

関　達也（せき　たつや）

一九四七年、兵庫県生まれ。岡山理科大学総合情報学部。岡山県内すべての川から堆積物を採取して、県内の地球化学図の作成に取り組んでいます。

「岡山県吉備高原地域の地球化学図」（分担発表）日本地質学会第一〇六年学術大会、一九九九年。

「地球化学図から見た元素の移動について」（分担発表）第一一回日本情報地質学会、二〇〇〇年。

山口一裕（やまぐち　かずひろ）

一九五八年、宮崎県生まれ。岡山理科大学理学部。河川、地下水や温泉の水質調査、あるいはセラミックスを利用した水浄化など、水環境の研究をしています。

「備前焼の窯変」『岡山学1　備前焼を科学する』吉備人出版、二〇〇二年。
『陸水の事典』日本陸水学会編（分担執筆）講談社、二〇〇四年。

波田善夫（はだ　よしお）
一九四八年、広島県生まれ。岡山理科大学総合情報学部。植物がなぜそこに生育しているのかについて研究しています。
『生態学事典』（分担執筆）共立出版、二〇〇三年。
『岡山県レッドデータブック―絶滅のおそれのある野生生物―』（分担執筆）財団法人岡山県環境保全事業団、二〇〇三年。

小林博昭（こばやし　ひろあき）
一九四七年、兵庫県生まれ。岡山理科大学総合情報学部。日本旧石器時代の研究と、プラント・オパール分析による先史～近世の栽培植物の探究をしています。
「最古のハンターたち」他『長船町史』（分担執筆）長船町、二〇〇一年。
「縄文時代―土器を携えた人々の研究」他『牛窓町史』（分担執筆）牛窓町、二〇〇一年。

在間宣久（ありま　のぶひさ）
1945年、岡山県生まれ。岡山県総務部参与（文書館整備推進担当）。江戸時代以降の交通史で、舟や鉄道などいろいろと研究しています。

「中国鉄道国有化問題と岡山県下の情勢」『鉄道史学』第12号、鉄道史学会、一九九三年。
「交通・通信の展開」他『牛窓町史』牛窓町、二〇〇一年。

乗岡　実（のりおか　みのる）
一九五八年、大阪府生まれ。岡山市企画局文化政策課・デジタルミュージアム開設事務所。南方遺跡や岡山城などの発掘調査をしてきました。現在は博物館（デジタルミュージアム）をつくっています。
『鬼の城と大廻り小廻り』（第1章、第3章、第4章分担）吉備人出版、一九九九年。
「瓦からみた宇喜多秀家期岡山城の支城網」『環瀬戸内海の考古学』古代吉備研究会、二〇〇二年。

高野洋志（たかの　ひろし）
一九五五年、島根県生まれ。岡山理科大学総合情報学部。民話、伝承、地名などの研究をしています。
「子供の死にかかわる三つの伝承—徳之島町山集落」『徳之島郷土研究会報』第二十六号、二〇〇三年。

志野敏夫（しの　としお）
一九五七年、大阪府生まれ。岡山理科大学総合情報学部。古代中国の軍事制度や、日中韓間の交流史を研究しています。
「6世紀の日韓技術交流—韓国南西部出土の埴輪形土製品をめぐって—」『韓国の前方後円形墳』雄山閣、一九九六年。
「岡山3大河川流域神社のデータベース—位置情報を中心として—」『岡山理科大学紀要』、第39号B別冊、二〇〇四年。

吉井川を科学する　シリーズ『岡山学』２

2004年12月10日　初版第１刷発行

編　者　岡山理科大学『岡山学』研究会
岡山理科大学総合情報学部
〒700-0005　岡山市理大町１－１
電話086-256-8003　メールoffice@finfo.ous.ac.jp

発行者　山川隆之
発行所　吉備人《きびと》出版
〒700-0823　岡山市丸の内2丁目11－22
電話086-235-3456　ファクス086-234-3210
振替01250-9-14467
メールbooks@kibito.co.jp
ホームページhttp://www.kibito.co.jp/
印刷所　サンコー印刷株式会社
製本所　日宝綜合製本株式会社

ISBN4-86069-085-0